Mietercheck.de

Die Datenschutzgrundverordnung (EU-DSGVO)
Der Ratgeber für Vermieter, Hausverwalter und Makler

Mietercheck.de

Die Datenschutzgrundverordnung (EU-DSGVO)

Der Ratgeber für Vermieter, Hausverwalter und Makler

Rediroma-Verlag

Bibliografische Information der Deutschen Nationalbibliothek:
Die Deutsche Nationalbibliothek verzeichnet diese Publikation in der Deutschen Nationalbibliografie; detaillierte bibliografische Daten sind im Internet über http://portal.dnb.de abrufbar.

ISBN 978-3-98527-321-8

Autor: Aleksander Rasic

www.rediroma-verlag.de
14,95 Euro (D)

Inhalt

1. Einleitung

Datenschutz ist heutzutage ein heikles Thema. Während einige Unternehmen in der Vergangenheit durch allzu fahrlässigen Umgang mit personenbezogenen Daten in den Fokus der Öffentlichkeit geraten sind, wuchs das Misstrauen innerhalb der Bevölkerung gegenüber datenverarbeitenden Konzernen und der Digitalisierung im Allgemeinen. Die Politik sah sich so in der Verantwortung, schärfere Gesetze zum Datenschutz zu erlassen, denn letztendlich waren bestehende Regelungen nicht mehr zeitgemäß und auf die neuen technischen Möglichkeiten nur unzureichend vorbereitet.

Die wohl einschneidendsten gesetzlichen Regulierungen zum Datenschutz gab es vor einigen Jahren mit Einführung der europäischen Datenschutzgrundverordnung (kurz: DSGVO). Diese wurde 2016 verabschiedet und trat am 25. Mai 2018 für alle Mitgliedstaaten der Europäischen Union sowie weitere Länder der Europäischen Wirtschaftsgemeinschaft (EWG) bindend in Kraft. Ziel war es, Bürgerdaten zu schützen und sich den neuen Begebenheiten anzupassen, die mit der Digitalisierung aller gesellschaftlicher Lebensbereiche einhergehen. Mehr Datenschutz bedeutet zwar zunächst mehr Sicherheit für personenbezogene Daten der Bürger der Europäischen Union, gleichzeitig führt dies aber auch zu einem größeren Aufwand für Unternehmen. Entsprechend groß war der Widerstand aus Wirtschaft und Industrie bei der Diskussion zur DSGVO.

Die Aufregung, welche rund um den Stichtag im Jahr 2018 herrschte, hat sich weitestgehend gelegt. Unternehmen haben sich auf die neuen Vorgaben eingestellt und bürokratische sowie technische Strukturen angepasst. Vor allem die Informationspflichten gegenüber den Bürgern haben jedoch ihre Spuren hinterlassen und begegnen uns heute nicht nur in der digitalen Welt, sondern auch beim Arzt oder Versicherungsmakler. Überall dort, wo personenbezogene Daten verarbeitet werden, ist – von wenigen Ausnahmen abgesehen – die Einwilligung des Betroffenen notwendig.

Auch private Vermieter, Wohnungsgesellschaften und Makler sind von den Regelungen betroffen, die vor einigen Jahren in Kraft getreten sind. Sie verarbeiten personenbezogene Daten wie Name, Anschrift, Geburtsdatum oder Gehaltsnachweise und benötigen diese Informationen zwingend für ihre Arbeit. Besonders für private Vermieter bedeutet die DSGVO jedoch eine große Verunsicherung, da Fehler bei der Umsetzung teuer werden können. Bei der Speicherung von personenbezogenen Daten von Mietern und Mietinteressenten, der Weitergabe von Informationen an eine Auskunftei, den Steuerberater oder Handwerker sind zahlreiche Vorschriften zu berücksichtigen. Im Gegensatz zu großen Wohnungsgesellschaften fehlt es privaten Vermietern jedoch häufig an Fachkenntnis, um sich in dem Datenschutz-Dschungel zurechtzufinden.

Die Datenschutzgrundverordnung ist komplex, schließt das Thema „Datenschutz" jedoch nicht ab. Weitere Bestimmungen auf Ebene der europäischen Staatengemeinschaft befinden sich bereits in Arbeit und werden die Diskussionen rund um die Differenz von wirtschaftlichen Interessen und Datenschutz in den kommenden Jahren weiter anfeuern. Denn auch wenn positive Aspekte wie ein erstmals einheitlicher Datenschutz innerhalb der Europäischen

Union oder transparenter Umgang mit personenbezogenen Daten gewährleistet werden, so werden Unternehmen durch ein Mehr an Datenschutz auch stärker belastet. Dies betrifft die Implementierung neuer technischer Sicherheitsvorkehrungen ebenso wie einen erhöhten Bürokratieaufwand.

Mietercheck.de hilft Ihnen mit diesem Buch, die Datenschutzgrundverordnung besser zu verstehen und stellt einen Praxisbezug zum tagtäglichen Vermietungsgeschäft her. Dabei wird nicht nur der Status quo betrachtet und erläutert, was sich durch die Datenschutzgrundverordnung alles ändert, sondern auch ein Ausblick in die Zukunft gewagt und aufgezeigt, welche neuen Verordnungen bereits in den Startlöchern stehen. Relevant ist dieses Buch daher nicht nur für private Vermieter, sondern auch für Hausverwaltungen und Makler.

Um die Auswirkungen der DSGVO auf Vermieter zu verdeutlichen und klare Handlungsempfehlungen geben zu können, liefern die Kapitel zwei und drei zunächst einen grundlegenden Überblick über die Datenschutzgrundverordnung und ihre juristische Seite. Hierbei stehen allgemeine Regelungen der DSGVO ebenso im Vordergrund wie die Rechte und Pflichten, welche sich aus der Datenschutzgrundverordnung ableiten lassen. Das vierte Kapitel stellt den praktischen Bezug zwischen den abstrakten Formulierungen der DSGVO und dem Tagesgeschäft von Vermietern her. Im Vordergrund steht hier der gesamte Vermietungsprozess, von der ersten Wohnungsanzeige über den Einzug der Mieter bis zu deren Auszug.

In Kapitel 5 erörtern wir Ihnen die staatlichen Kontroll- und Sanktionsmöglichkeiten bei Nichteinhaltung der

DSGVO und erklären Ihnen in Kapitel 6, wie Sie (technischen) Datenpannen und damit auch Sanktionen vorbeugen können. Im siebten Kapitel bieten wir Ihnen ferner einen Ausblick auf die zukünftigen Bestrebungen der Europäischen Union, um den Datenschutz weiter zu vereinheitlichen und Bürgerrechte zu schützen.

2. Ziele, Anwendungsbereich und Gliederung der DSGVO

Die Diskussion um den Datenschutz, welche in den Jahren vor der Datenschutzgrundverordnung sowohl in den Medien als auch in den Parlamenten geführt wurde, betraf nicht nur die Gefahr eines ungehemmten Datenaustausches zwischen Unternehmen. Auch die technische Sicherheit war zentrales Thema im Diskurs und Forderungen nach einem besseren Schutz für personenbezogene Daten vor Hackern wurden laut. Was in den Medien allerdings häufig nicht erwähnt wurde, ist die Tatsache, dass auch Unternehmen mit den uneinheitlichen Regelungen zum Datenschutz innerhalb der Europäischen Union nicht einverstanden waren. So wurde der transnationale Austausch von Daten durch unterschiedliche, auf nationaler Ebene verabschiedete Regulierungen ausgebremst. Es gab also auch ein wirtschaftliches Interesse an einer einheitlichen und europaweiten Regelung des Datenschutzes.

Mit der DSGVO sollte daher einerseits Sicherheit für die personenbezogenen Daten der Bürger der Europäischen Union geschaffen und andererseits sollten rechtliche Rahmenbedingungen für den Datenaustausch etabliert werden, die auch über die Grenzen der Nationalstaaten hinweg Gültigkeit besitzen. Obwohl die Regeln der DSGVO in allen EU-Staaten gelten, gibt es allerdings weiterhin nationale Gesetze, welche die Verarbeitung von Daten betreffen. In Deutschland sind hier etwa das Telemediengesetz (TMG) oder das Telekommunikationsgesetz (TKG) zu nennen, die ebenfalls Regelungen zum Datenschutz beinhalten und neben der DSGVO Gültigkeit besitzen. Diese Gesetze stehen selbstverständlich nicht in Konflikt mit der Datenschutzgrundverordnung. Sie ergänzen die DSGVO in Punkten, wo sie den Mitgliedstaaten Spielräume lässt, oder tangieren Aspekte, die noch nicht geregelt wurden.

Im Folgenden wird auf drei allgemeine Aspekte der DSGVO eingegangen. Hierbei handelt es sich um die Ziele (Abschnitt 2.1), den Anwendungsbereich (Abschnitt 2.2) sowie Umfang und Gliederung der Datenschutzgrundverordnung (Abschnitt 2.3). Diese „trockene" Betrachtung der Artikel der DSGVO ist notwendig, um Ihnen die Rechte und Pflichten, die durch die DSGVO zum Tragen kommen, näher erläutern zu können. Die folgenden Abschnitte bilden daher die Grundlage für die in Kapitel drei formulierten Pflichten, welche sich aus der DSGVO ergeben.

2.1 Die allgemeinen Ziele der DSGVO

Die DSGVO ist eine komplexe Verordnung, die 99 Artikel in insgesamt elf Kapiteln umfasst. Ferner wurden 173 Erwägungsgründe formuliert, welche die Interpretation der Datenschutzgrundverordnung erleichtern sollen. Die Ziele der DSGVO werden in Art. 1 erläutert. Im Fokus steht zunächst der Schutz von personenbezogenen Daten. So heißt es in Art. 1 Abs. 1 der DSGVO, dass die „Verordnung [...] Vorschriften zum Schutz natürlicher Personen bei der Verarbeitung personenbezogener Daten" enthält. Auch Art. 1 Abs. 2 DSGVO konzentriert sich auf natürliche „Personen und insbesondere deren Recht auf Schutz [ihrer] personenbezogener Daten".

Des Weiteren wird in Art. 1 Abs. 3 DSGVO der „freie Verkehr personenbezogener Daten in der Union" formuliert. Diese Passage fügt sich gewissermaßen in die anderen vier bekannten Freiheiten ein, welche als Grundpfeiler der Europäischen Union zu sehen sind. Hierbei handelt es sich um das Recht auf Freizügigkeit sowie des freien Waren-, Kapital- und Dienstleistungsverkehrs. Bis zur Einführung der DSGVO gab es keine Regelung, welche den freien Verkehr von Daten zwischen den EU-Ländern in dieser Form festschrieb. Vor allem im innereuropäischen Raum kam es aufgrund unterschiedlicher nationaler Gesetzgebungen immer wieder zu Problemen, welche dazu führten, dass der Datenaustausch zwischen Unternehmen behindert wurde. Die Intention mit Etablierung des Art. 1 Abs. 3 DSGVO war es, dem entgegenzuwirken. Das Recht auf freien Datenverkehr ist als ein wichtiger Bestandteil der Datenschutzgrundverordnung zu sehen und ist vor allem auf Druck aus der Wirtschaft und Industrie entstanden.

Der Schutz von personenbezogenen Daten auf der einen und der freie Datenverkehr auf der anderen Seite lassen sich also als die beiden übergeordneten Ziele der DSGVO bezeichnen. Diese beiden Punkte konfligieren allerdings in nicht unerheblichem Maße miteinander. So kann der Schutz von personenbezogenen Daten einem wirtschaftlichen Interesse gegenüberstehen, Datenaustausch mit Unternehmen im In- und Ausland zu betreiben. An genau dieser Stelle setzt jedoch die Datenschutzgrundverordnung an. Die Artikel der DSGVO sollen garantieren, dass der Datenaustausch innerhalb Europas einheitlich sowie vor allem frei und ohne Behinderungen erfolgen kann und gleichzeitig dem Datenschutz Genüge getan wird. Die DSGVO dient somit als Vermittler zwischen freiem Datenaustausch auf der einen und Datenschutz auf der anderen Seite.

2.2 Sachlicher und räumlicher Anwendungsbereich der DSGVO

Die Datenschutzgrundverordnung besitzt einen Anwendungsbereich, welcher einen sachlichen sowie einen räumlichen Horizont umfasst. Diese beiden Aspekte werden in Art. 2 (sachlicher Anwendungsbereich) und Art. 3 (räumlicher Anwendungsbereich) der DSGVO erläutert. Der sachliche Anwendungsbereich umfasst die „Verarbeitung" von personenbezogenen Daten, unabhängig davon, ob diese vollkommen automatisiert, teilweise automatisiert oder nicht-automatisiert erfolgt. Ferner wird unter Art. 4 Abs. 2 erläutert, dass unter „Verarbeitung" jedwedes „Erheben, das Erfassen, die Organisation, das Ordnen, die Speicherung [...]" von personenbezogenen Daten zu verstehen ist.

Somit wird der Begriff der „Verarbeitung" in der DSGVO neu definiert. Es wird also nicht weiter zwischen Erhebung, Speicherung, Auswertung und weiteren Aspekten der Datenverarbeitung unterschieden, sondern alles unter dem Begriff der „Verarbeitung" zusammengefasst. Das ist ein wichtiger Punkt, da die DSGVO somit bereits bei der Erhebung personenbezogener Daten ansetzt. Damit unterliegt jeglicher Umgang mit personenbezogenen Daten der DSGVO und verpflichtet zur Berücksichtigung ebendieser. Gleichzeitig kann die „nicht-automatisierte" Verarbeitung von Daten unter bestimmten Umständen auch bedeuten, dass die Datenerhebung auf Papier unter die DSGVO fällt. Dieser für Vermieter wichtige Aspekt wird zu einem späteren Zeitpunkt genauer betrachtet, da das

Vermietungsgeschäft mitunter sehr papierintensiv sein kann.

Der räumliche Anwendungsbereich der DSGVO wird wiederum in Art. 3 DSGVO beschrieben. Bereits in Art. 3 Abs. 1 DSGVO wird festgehalten, dass die Verordnung überall dort Anwendung findet, wo Daten innerhalb der Europäischen Union verarbeitet werden. Durch die erweiterte Definition des Begriffs „Verarbeitung“ bedeutet dies, dass bereits die bloße Erhebung personenbezogener Daten – unabhängig von wem – genügt, damit die DSGVO berücksichtigt werden muss. Dies führt dazu, dass Unternehmen, welche die Speicherung oder Auswertung von Daten mit Personenbezug im außereuropäischen Ausland vornehmen (lassen), ebenfalls der europäischen Datenschutzgrundverordnung unterliegen. Dieser Aspekt ist gleich doppelt positiv zu bewerten. Denn erstens unterliegen personenbezogene Daten somit auch dem besonderen Schutz, wenn ein Unternehmen seinen Sitz im Ausland hat (was für den Schutz der personenbezogenen Daten der Bürger der Europäischen Union förderlich ist), und zweitens werden so Wettbewerbsverzerrungen zuungunsten europäischer Konzerne durch höhere Datenschutzstandards verhindert. Wären lediglich europäische Firmen von der DSGVO betroffen, dann wäre dies weder dem Datenschutz noch der hiesigen Wirtschaft zuträglich. Auf diese Weise schützt die DSGVO nicht nur personenbezogene Daten, sondern gleichzeitig auch wirtschaftliche Akteure im europäischen Binnenraum. In der Praxis führt diese Regelung allerdings zu Problemen, die häufig nicht bedacht werden. Vor allem Cloudspeicher und Server, welche sich im außereuropäischen Ausland befinden, sind aus Datenschutzsicht problematisch geworden.

2.3 Gliederung der DSGVO

Die Bestimmungen der DSGVO betreffen sowohl Datenverarbeiter als auch Bürger der Europäischen Union. Für erstere formuliert die DSGVO überwiegend Pflichten, während sie für letztere Rechte bereithält, auf die sich Bürger im Streitfall berufen können. Ferner bestimmt die DSGVO auch Aufsichtsbehörden und Regelungen zur Haftung. Im Folgenden bietet die Gliederung einen Einblick über die Struktur der Datenschutzgrundverordnung:

Kapitel I: Allgemeine Bestimmungen
Kapitel II: Grundsätze
Kapitel III: Rechte der betroffenen Person
Kapitel IV: Verantwortlicher und Auftragsverarbeiter
Kapitel V: Übermittlung personenbezogener Daten an Drittländer oder an internationale Organisationen
Kapitel VI: Unabhängige Aufsichtsbehörden
Kapitel VII: Zusammenarbeit und Kohärenz
Kapitel VIII: Rechtsbehelfe, Haftung und Sanktionen
Kapitel IX: Vorschriften für besondere Verarbeitungssituationen
Kapitel X: Delegierte Rechtsakte und Durchführungsrechtsakte
Kapitel XI: Schlussbestimmungen

3. Pflichten durch die DSGVO

Die europäische Datenschutzgrundverordnung legt zahlreiche Pflichten fest, welche bei der Verarbeitung von Daten zu berücksichtigen sind. Diese sollen die in Kapitel 2 beschriebenen Ziele (Schutz von personenbezogenen Daten und freier Verkehr ebendieser) garantieren. Derartige Pflichten sind einerseits positiv zu bewerten, da nun zum ersten Mal der Datenverkehr für die gesamte Europäische Union einheitlich geregelt wird. Gleichzeitig bedeuten diese Regeln allerdings auch einen – teils enormen – bürokratischen Aufwand für Unternehmen und nicht zuletzt für Vermieter. Dieses Kapitel beschreibt die Verpflichtungen für Datenverarbeiter, um anschließend die Rechte der Bürger genauer betrachten zu können. Grundsätzlich dreht sich hier alles um Transparenz gegenüber den Bürgern; ihr Recht auf Selbstbestimmung sowie die Pflicht, geeignete technische Maßnahmen zum Schutz von personenbezogenen Daten zu ergreifen.

3.1 Schaffung von Transparenz

Für die Bürger der Europäischen Union soll klar sein, zu welchem Zweck die eigenen Daten verarbeitet werden und wer die Datenverarbeitung vornimmt. Dies geht einher mit einer umfassenden Informationspflicht durch Datenverarbeiter und damit einem nicht zu unterschätzenden bürokratischen Aufwand. Transparenz ist letztendlich die Grundvoraussetzung für den Schutz personenbezogener Daten und stellt die Basis für die Rechte der Bürger der Europäischen Union – etwa das Recht auf Vergessenwerden oder das Widerrufsrecht – dar. Denn nur wer weiß, dass seine Daten verarbeitet werden, kann dagegen Widerspruch einlegen.

3.1.1 Informationspflichten

Um Transparenz für die Bürger bei der Verarbeitung ihrer personenbezogenen Daten zu gewährleisten, verlangt die Datenschutzgrundverordnung von datenverarbeitenden Unternehmen umfassende Informationen gegenüber den Betroffenen. Diese Informationspflichten werden in Art. 13 sowie Art. 14 der DSGVO geregelt. Ein Informationsschreiben ist den betroffenen Bürgern vom Datenverarbeiter noch vor der Verarbeitung der personenbezogenen Daten auszuhändigen. Die Angabe einer ladungsfähigen Anschrift und des Namens des Datenverarbeiters (bei Unternehmen eventuell auch des Datenschutzbeauftragten) ist hier obligatorisch.

Um Transparenz zu gewährleisten, hat die europäische Legislative in Art. 14 DSGVO eine Reihe von Punkten benannt, über welche im Rahmen der Informationspflicht Auskunft gegeben werden muss. Diese umfassen:

(1) Die Dauer der Speicherung der personenbezogenen Daten
(2) Informationen über Beschwerdemöglichkeiten bei einer zuständigen staatlichen Stelle
(3) Widerspruchsrecht
(4) Auskunftsrecht
(5) Empfänger der personenbezogenen Daten
(6) Rechtsgrundlage
(7) Zweck der Datenverarbeitung

Die Nichtbeachtung dieser Informationspflicht kann entsprechend sanktioniert werden. Des Weiteren können Betroffene in einem solchen Fall auch die unverzügliche Löschung der gespeicherten Daten verlangen. Als Grundlage der Verarbeitung von personenbezogenen Daten muss der Informationspflicht also besondere Aufmerksamkeit zuteilwerden. Die Pflicht zur Information über die Datenverarbeitung geht einher mit den Rechten der Einwilligung und des Widerspruchs, welche den Bürgern zugesprochen werden.

Da die Informationspflicht bereits bei der Erhebung von personenbezogenen Daten greift, müssen Vermieter sie auch bei Wohnungsinteressenten beachten, die eine Mieterselbstauskunft ausfüllen. Grundlage stellt zum Beispiel Art. 6 Abs. 1 f DSGVO dar. Hier heißt es, dass „die Verarbeitung […] zur Wahrung der berechtigten Interessen des Verantwortlichen oder eines Dritten erforderlich [ist], sofern nicht die Interessen oder Grundrechte und Grundfreiheiten der betroffenen Person, die den Schutz personenbezogener Daten erfordern, überwiegen […]“. Dieses sehr spezielle Thema wird in Abschnitt 4.2 allerdings noch einmal ausführlicher behandelt.

3.1.2 Rechtsgrundlage

Die Verarbeitung von personenbezogenen Daten setzt eine Rechtsgrundlage voraus, welche der betroffenen Person im Rahmen der Informationspflichten mitgeteilt werden muss. Die Rechtmäßigkeit der Verarbeitung wird in Art. 6 DSGVO geregelt und umfasst sechs Voraussetzungen, von denen mindestens eine erfüllt sein muss:

(1) Zustimmung der betroffenen Person zur Datenverarbeitung für einen oder mehrere bestimmte Zwecke
(2) Die Datenverarbeitung ist zur Erfüllung eines Vertrages mit der betroffenen Person zwingend erforderlich
(3) Die Datenverarbeitung ist aufgrund rechtlicher Verpflichtungen des Datenverarbeiters zwingend erforderlich
(4) Lebenswichtige Gründe der betroffenen Person machen die Verarbeitung notwendig
(5) Es besteht ein öffentliches Interesse an der Verarbeitung der Daten
(6) Die Datenverarbeitung ist zur Wahrung der Interessen des Datenverarbeiters erforderlich und schränkt die Persönlichkeitsrechte der betroffenen Person nicht ein

Weitere Regelungen können durch die Mitgliedstaaten der Europäischen Union erlassen werden.

Für Vermieter wird an dieser Stelle deutlich, dass die Rechtsgrundlage eng mit dem Zweck der Datenverarbeitung verbunden ist und die Zustimmung des Mieters oder Mietinteressenten erforderlich ist. Das Erfassen von personenbezogenen Daten während eines Mietverhältnisses und zur Vertragsanbahnung (also vor der Unterschrift unter dem Mietvertrag) ist somit möglich, da der Vermieter ein berechtigtes Interesse besitzt. Zum Beispiel ist die Mieterselbstauskunft, auf die zu einem späteren Zeitpunkt noch einmal genauer eingegangen wird, damit ein legitimes Mittel, um Informationen über Mietinteressenten einzuholen.

Einige gespeicherte Daten, welche vor der Vermietung erfasst wurden, werden zur Aufrechterhaltung eines Mietvertrages in der Regel nicht mehr benötigt. Daher existiert keine Rechtsgrundlage mehr, um diese personenbezogenen Daten längerfristig aufzubewahren. Während eines Mietverhältnisses sind stattdessen Kontoverbindung, Name und Anschrift sowie weitere Kontaktmöglichkeiten relevant. Auch der Schriftwechsel mit Mietern während der Mietdauer fällt unter die DSGVO. Briefe, Mahnungen, Anpassungen der Betriebskosten, Änderungen am Mietverhältnis und dergleichen müssen zwangsläufig erfasst und gespeichert werden, weshalb eine Rechtsgrundlage hierfür zweifelsfrei gegeben ist.

Die Speicherung personenbezogener Daten setzt einerseits eine Rechtsgrundlage voraus, folgt aber andererseits auch dem Prinzip der Datenminimierung. Beide Regelungen stehen in einer engen Verbindung zueinander. Sie müssen daher von Vermietern bei der Erhebung personenbezogener Daten berücksichtigt werden.

3.1.3 Datenminimierung

Einige Unternehmen werden als „Datenkraken" bezeichnet, da sie möglichst viele Informationen von ihren Kunden abgreifen und diese dann weiterverarbeiten oder gar an Dritte verkaufen. Heutzutage ist das Geschäft mit personenbezogenen Daten ausgesprochen lukrativ. So kann zum Beispiel Werbung im Internet zielgerichteter geschaltet werden, wenn umfassende Informationen über den Nutzer vorliegen. Diesem Umstand haben wir die mit der DSGVO notwendigen Cookie-Warnungen zu verdanken, welche Nutzer und Unternehmen gleichermaßen als störend empfinden.

Das Prinzip der Datensparsamkeit soll dem exzessiven Sammeln von personenbezogenen Daten vorbeugen und war bereits aus dem Bundesdatenschutzgesetz bekannt. In der DSGVO heißt es nun „Datenminimierung“ und ist auf die gesamte Datenverarbeitung zu beziehen. In Art. 5 Abs. 1 DSGVO heißt es, dass erhobene Daten mit Personenbezug „angemessen und [...] auf das für die Zwecke der Verarbeitung notwendige Maß beschränkt sein“ müssen. Dies betrifft nicht nur die Verarbeitung von Daten, sondern auch ihre Speicherdauer und die Zugänglichkeit.

Für Vermieter bedeutet dies, dass sie sich bei allen erhobenen Daten fragen müssen, ob sie wirklich für den Zweck (zum Beispiel Auswahl von Mietinteressenten oder Aufrechterhaltung eines Mietverhältnisses) notwendig sind. Flankiert wird diese Regelung des Weiteren von dem Verbot, besonders schützenswerte Daten zu erheben, was in Abschnitt 3.2.6 noch näher erläutert wird. Es ist wichtig, dass Vermieter das Prinzip der Datenminimierung beherzigen. Sollten Mieter mit einem Auskunftsersuchen an den Wohnungseigentümer herantreten und feststellen, dass dem Prinzip nicht Folge geleistet wurde, kann dies eine Beschwerde bei der zuständigen Aufsichtsbehörde nach sich ziehen, welche Sanktionen verhängen kann.

3.1.4 Zweckgebundenheit der Datenverarbeitung

Die Verarbeitung personenbezogener Daten darf laut Datenschutzgrundverordnung nur zweckgebunden erfolgen. Ist dieser Zweck erfüllt, müssen die Daten gelöscht werden. Dem Betroffenen muss der Zweck der Datenverarbeitung im Rahmen der Informationspflicht mitgeteilt werden. Ändert sich der Zweck der Verarbeitung der Daten, so bedarf es für eine weitere Datenverarbeitung einer neuen Erlaubnis durch die betroffene Person. Die

Zweckbindung ist für Vermieter unter anderem bei den Mieterselbstauskünften von Belang.

3.1.5 Einwilligungserklärung

Seit Inkrafttreten der DSGVO müssen Bürger regelmäßig Einverständniserklärungen unterzeichnen. Dies gilt bei Nutzung von digitalen Diensten ebenso wie bei Dingen in der „analogen Welt“ wie dem erstmaligen Arztbesuch oder beim Steuerberater, denn auch hier werden personenbezogene Daten verarbeitet. Zwar sieht die DSGVO keine Einwilligung in Schriftform vor, im Streitfall wird es aber schwierig, eine mündliche Einwilligung nachweisen zu können, da die Beweislast immer beim Datenverarbeiter liegt.

Daher sind die meisten Unternehmen dazu übergegangen, die Zustimmung zur Verarbeitung personenbezogener Daten schriftlich einzuholen. Hier ist allerdings zu beachten, dass diese Einwilligung gemäß Art. 7 Abs. 3 DSGVO einfach und klar formuliert sein muss. Auf komplizierte Ausführungen mit Fachbegriffen und Fremdwörtern ist zu verzichten. Gleiches gilt für die verwendete Sprache: Diese muss dem Leser vertraut sein. Hintergrund ist, dass die Bürger im Rahmen der Transparenz verstehen sollen, welche Daten verarbeitet werden und welchem Zweck dies dient. Andernfalls wären verklausulierte und juristisch komplexe Einverständniserklärungen denkbar, deren Inhalt für den Normalbürger nicht mehr verständlich sind.

Die Verarbeitung von personenbezogenen Daten kann hin und wieder zwingend erforderlich sein, um einen bestimmten Vertrag zu erfüllen. Ein klassisches Beispiel aus der Immobilienbranche ist etwa die Verarbeitung von Namen,

Anschrift und Kontodaten des Mieters zur Erstellung der Betriebskostenabrechnung. Hier greift als Rechtsgrundlage Art. 6 Abs. 1 b, wo es heißt, dass „die Verarbeitung“ zulässig ist, wenn sie „für die Erfüllung eines Vertrags [...]“ eine Notwendigkeit darstellt. Erfordert der eigentliche Vertrag, der Grundlage der zukünftigen Geschäftsbeziehung sein soll, keine Datenverarbeitung, so dürfen Daten nicht verarbeitet werden. Im folgenden Abschnitt wird dies genauer behandelt, da dieses sogenannte „Kopplungsverbot“ ein wichtiger Bestandteil der DSGVO ist.

3.1.6 Kopplungsverbot

Ein beliebtes Vorgehen einiger Händler im Internet war etwa die Bereitstellung von Waren und Dienstleistungen gegen die Erlaubnis zur Verarbeitung persönlicher Informationen zu Werbezwecken. Im schlimmsten Fall erfolgte diese Verarbeitung gar durch Dritte und nicht selten gegen Zahlung für die persönlichen Daten des Kunden. Kurzum: Die personenbezogenen Daten wurden verkauft und der Nutzer wurde gezwungen, sein Einverständnis hierzu zu geben, sofern er Waren oder Dienstleistungen in Anspruch nehmen wollte. Zwielichtige Online-Shops nutzten dafür verklausulierte Einverständniserklärungen beim Bezahlvorgang und machten die Einwilligung zur Datenverarbeitung zur Voraussetzung, um das Geschäft abschließen zu können. Für Verbraucher war so nur schwer nachvollziehbar, wofür sie ihr Einverständnis geben – wenn sie die AGBs und Einverständniserklärungen überhaupt gelesen hatten.

Um angebotene Waren zu erwerben, ist eine derartige Verarbeitung von personenbezogenen Daten allerdings unnötig. Zwar müssen etwa Name, Bankdaten und Adresse des Kunden aufgenommen werden, damit das Geschäft zustande kommen kann und die Daten gegebenenfalls auch von Dritten – zum Beispiel zu Zwecken der Buchhaltung – verarbeitet werden können, eine weitergehende Datenverarbeitung ist aber zur Ausführung des Vertrages nicht erforderlich. Mit Art. 7 Abs. 4 DSGVO wird diesem Umstand in der Datenschutzgrundverordnung Rechnung getragen. Hier heißt es, dass die „Einwilligung [zur Datenverarbeitung] freiwillig erteilt wurde“, wenn diese zur „Erfüllung eines Vertrages, einschließlich der Erbringung einer Dienstleistung“, zwingend notwendig ist.

Damit ist eine Verbindung von Verträgen mit der Einwilligungserklärung zur Datenverarbeitung nicht per se ausgeschlossen. Sollte die Verknüpfung, wie in Abschnitt 3.1.3 beschrieben, notwendig sein, um etwa die korrekte Abrechnung vorzunehmen, ist sie erlaubt. Gleichzeitig dürfen nur die wirklich notwendigen Daten erhoben werden, um nicht gegen den bereits beschriebenen Grundsatz zur Datenminimierung zu verstoßen. Sollte die Verarbeitung personenbezogener Daten allerdings nicht zwingend erforderlich sein, würde eine Kopplung an einen bestehenden Vertrag gegen die DSGVO verstoßen.

3.1.7 Weitergabe von personenbezogenen Daten an Dritte

Personenbezogene Daten müssen vor dem Zugriff durch unbefugte Dritte geschützt werden. Unbefugt ist grundsätzlich jeder, der keine unterschriebene Einwilligung zur Datenverarbeitung von dem Betroffenen vorweisen kann. Sollte eine Weitergabe der personenbezogenen Daten an

Dritte allerdings notwendig sein, so kann die Weitergabe bereits vor der Erhebung der Daten im Rahmen der Aufklärung über die Datenverarbeitung angekündigt werden.

Die Weitergabe der personenbezogenen Daten muss allerdings auch wirklich notwendig sein und es muss ein berechtigtes Interesse dafür vorliegen, dass die Daten von einer dritten Partei weiterverarbeitet werden. Sollten Vermieter einen Steuerberater mit der Abgabe der Steuererklärung betrauen, so ist die Weitergabe daher legitim. Wer der Datenverarbeiter ist, muss im Übrigen nicht mitgeteilt werden. Es genügt, den Zweck (Steuererklärung; Betriebskostenabrechnung oder Ähnliches) der Weitergabe in der Einwilligungserklärung zu formulieren.

3.2 Selbstbestimmung der Bürger

Der Schutz von personenbezogenen Daten bedeutet auch, dass Bürger frei entscheiden sollen, wer ihre Daten verarbeiten darf. Die Grundlagen hierfür wurden mit den umfassenden Informations- und Einwilligungspflichten geschaffen. So wird sichergestellt, dass Bürger wissen, wer aktuell mit ihren Daten arbeitet. In diesem Zusammenhang wurden zahlreiche Rechte zur Selbstbestimmung für Verbraucher in die DSGVO aufgenommen, welche für Unternehmen bindend sind. So können Bürger zum Beispiel Einsicht in die gespeicherten Daten verlangen, aber auch auf deren Korrektur oder Löschung bestehen. Bei diesen Rechten, welche den EU-Bürgern eingeräumt werden, ist außerdem zwischen Voll- und Minderjährigen zu unterscheiden. Letztere genießen einen besonderen Schutz, welchen es zu beachten gilt.

3.2.1 Löschfristen und das „Recht auf Vergessenwerden“

Die Speicherung personenbezogener Daten darf nach der DSGVO nicht unbegrenzt erfolgen. Hier gab es teilweise unterschiedliche Regelungen innerhalb der EU-Mitgliedstaaten, weshalb eine Vereinheitlichung durch europäisches Recht geboten war. Personenbezogene Daten sind zu löschen, sobald sie ihren Zweck erfüllt haben und nicht mehr benötigt werden. In aller Regel gibt es einen Vertrag, wie zum Beispiel einen Mietvertrag, der die Einwilligung zur Datenverarbeitung notwendig macht. Ist dieser erfüllt und werden die erhobenen Informationen daher nicht länger benötigt, müssen diese gelöscht werden. Die Löschung dieser Daten muss unverzüglich erfolgen und bedarf keiner Aufforderung des Vertragspartners. Aber auch hier gibt es Ausnahmen: Sollte die Speicherung der Daten etwa aus steuerrechtlichen Gründen auch über das Ende des Vertrages notwendig sein, ist dies erlaubt. Nachzulesen ist dies in Art. 5 DSGVO.

Eng mit den Löschfristen verbunden ist das „Recht auf Vergessenwerden“, welches in der Vergangenheit vermehrt in den Medien diskutiert wurde und in Art. 17 DSGVO geregelt ist. Hier wird erläutert, dass betroffene Personen, deren personenbezogene Daten mit oder ohne Einverständniserklärung erhoben wurden, die zeitnahe Löschung dieser verlangen können. Der Gesetzestext enthält dabei sechs Gründe, die zur Löschung verpflichten und von den Betroffenen angeführt werden können:

(1) Personenbezogene Daten sind nicht mehr notwendig für die Geschäftsbeziehung
(2) Widerruf der Einwilligung

(3) Widerspruch gegen die Einwilligung
(4) Unrechtmäßige Verarbeitung der Daten
(5) Rechtliche Verpflichtung zur Löschung nach dem Unionsrecht oder dem Recht eines Mitgliedstaates
(6) Erhebung der Daten erfolgte unter Bezug auf Art. 8 Abs. 1 DSGVO (Bedingungen für die Einwilligung eines Kindes in Bezug auf Dienste der Informationsgesellschaft)

Diese Regelung wird in Art. 17 Abs. 2 noch mal erweitert und umfasst somit auch Daten, die von Unternehmen öffentlich gemacht wurden. Das bedeutet, dass online publizierte Informationen der Verbraucher, etwa in Auskünften, auf Websites, in Suchmaschinen oder anderen Datenbanken, vom Verbreiter der Daten entfernt werden müssen, sofern einer der oben genannten Gründe zutrifft.

3.2.2 Auskunftsrecht

Eines der wichtigsten Rechte für Bürger der Europäischen Union, welches mit der Datenschutzgrundverordnung eingeführt wurde, ist das Auskunftsrecht nach Art. 15 DSGVO. Dieses ermöglicht Betroffenen, selbst kontrollieren zu können, ob Datenverarbeiter sich an die Datenschutzgrundverordnung halten. Ein Auskunftsersuchen muss zwingend beantwortet werden, andernfalls können empfindliche Bußgelder drohen.

Hin und wieder kann es vorkommen, dass ein Auskunftsersuchen „auf Verdacht“ gestellt wird. Findet keine Verarbeitung von Daten der Betroffenen statt, ist ihnen dieses mitzuteilen und darf nicht ignoriert werden. Allerdings verarbeiten Vermieter immer in einem gewissen Umfang bestimmte Daten ihrer Mieter. Infrage kommen würde etwa ein Auskunftsersuchen durch einen abgelehnten Mietinteressenten. Für Immobilieneigentümer ist außerdem wichtig, dass sie keine Auskünfte über gespeicherte Daten geben müssen, wenn diese nur aufgrund gesetzlicher Aufbewahrungsfristen (etwa aus Gründen des Steuerrechts) aufbewahrt werden und das Mietverhältnis bereits beendet wurde.

Bei einem Auskunftsersuchen müssen Vermieter dem Betroffenen die verarbeiteten personenbezogenen Daten in Kopie zur Verfügung stellen. Kosten dürfen dem Anfragesteller nicht auferlegt werden, es sei denn, er verlangt mehr als eine Kopie. Die Kosten sollten sich dann allerdings in einem angemessenen Rahmen bewegen, die den Verwaltungsaufwand widerspiegeln. Wichtig ist, dass keine Rechte unbeteiligter Dritter beeinträchtigt werden – es darf also keine Übermittlung von Daten anderer Personen erfolgen. Dies ist in Art. 15 DSGVO Abs. 4 geregelt. Des Weiteren sind im Falle einer Auskunftsanfrage folgende Informationen mitzuteilen:

- Verarbeitungszwecke
- Kategorien der verarbeiteten personenbezogenen Daten
- Weitere mit der Verarbeitung betraute Dritte
- Dauer der geplanten Speicherung der personenbezogenen Daten
- Informationen über das Recht auf Löschung der verarbeiteten Daten, sofern bestehende Verträge dadurch nicht beeinträchtigt werden
- Die Möglichkeit der Beschwerde bei einer Aufsichtsbehörde

- Auskünfte über Daten des Betroffenen, die von Dritten bezogen wurden – hierzu zählt auch die Auskunft über die Quelle
- Auskünfte über Datenübermittlungen an Dritte inklusive geeigneter Garantien nach Art. 46 DSGVO.

Wie auffällt, sind einige der oben genannten Aspekte, die Vermieter den Betroffenen im Rahmen des Auskunftsrechts mitteilen müssen, bereits Bestandteil der in Abschnitt 3.1.1 beschriebenen Informationspflichten. Betroffene haben somit die Möglichkeit zu kontrollieren, ob die Datenverarbeitung nur in dem Maße erfolgt, wie es auch zu Vertragsbeginn vereinbart wurde. Sollte einem Auskunftsersuchen nicht oder verspätet nachgekommen werden, sind Geldbußen möglich.

3.2.3 Recht auf Datenübertragbarkeit

Seit Einführung der DSGVO sind Datenverarbeiter gegenüber den Betroffenen in besonderem Maße auskunftspflichtig. Das im vorherigen Abschnitt beschriebene Auskunftsrecht ist hierfür maßgeblich. In Art. 20 DSGVO ist außerdem das Recht auf Datenübertragbarkeit geregelt, welches in dieser Form neu ist und auch kein Bestandteil des Bundesdatenschutzgesetzes war. Betroffene haben hiernach das Recht, sie betreffende personenbezogene Daten durch den Datenverarbeiter an Dritte übermitteln zu lassen. Die Bereitstellung muss in einem „maschinenlesbaren Format erfolgen“ (elektronische Daten), wozu auch Informationen auf Papier gehören, sofern diese leicht einzuscannen sind.

Allerdings gibt es hier einige Einschränkungen. Auskunft muss nur über die Daten gegeben werden, die von den Betroffenen selbst zur Verfügung gestellt wurden. Selbstermittelte Informationen fallen nicht unter das Recht zur Datenübertragbarkeit. Für Unternehmen bedeutet dies, dass, sofern sie selbstständig Nachforschungen über ihre Kunden durchgeführt haben (zum Beispiel im Rahmen einer selbst durchgeführten Bonitätsprüfung), diese Informationen nicht preisgegeben werden müssen. Alles, was die betroffene Person dem Unternehmen zur Verfügung gestellt hat, muss jedoch übermittelt werden, wenn dies verlangt wird.

Erwähnenswert ist des Weiteren, dass die Datenübertragbarkeit lediglich auf Daten angewandt werden kann, die „mithilfe automatisierter Verfahren" verarbeitet wurden. Papierakten fallen daher nicht unter das Recht auf Datenübertragbarkeit. In erster Linie wird dieses Recht angewandt, wenn zum Beispiel Verträge mit einem Anbieter von einem anderen Anbieter übernommen werden sollen. In der Praxis kommen Anfragen nach Art. 20 DSGVO bei Vermietern nicht vor, da das in Abschnitt 3.2.2 erläuterte Auskunftsrecht einen deutlich umfassenderen Einblick in die vom Mieter gespeicherten Daten bietet. Relevant ist das Recht auf Datenübertragbarkeit zum Beispiel für Anbieter in der Telekommunikationsbranche, wo Daten mit Personenbezug von einem zum anderen Unternehmen übermittelt werden müssen, um Verträge zu übernehmen.

3.2.4 Berichtigung falscher Daten

Werden fehlerhafte Daten gespeichert, haben Betroffene das Recht, die unverzügliche Korrektur dieser Daten zu verlangen. Wichtig ist dieser Aspekt etwa für Bonitätsauskünfte oder Websites mit veröffentlichten Daten, die das Potenzial haben, den Betroffenen Schaden zuzufügen. An dieser Stelle ist darauf hinzuweisen, dass der Sachverhalt gründlich geprüft werden muss und, falls Korrekturen erforderlich sind, diese unverzüglich vorgenommen werden müssen. Andernfalls können im schlimmsten Fall finanzielle Konsequenzen oder gar Schadensersatzforderungen folgen. Das Recht auf Berichtigung ist in Art. 5 Abs. 1 DSGVO festgeschrieben.

3.2.5 Widerspruchsrecht

Ein weiteres wichtiges Recht, das den Bürgern eingeräumt wurde, ist das Widerspruchsrecht gegen die Verarbeitung von Daten, welches in Art. 21 DSGVO geregelt wird. Sollte ein Verbraucher hiervon Gebrauch machen, muss die in Abschnitt 3.2.1 erläuterte Löschung der gespeicherten Daten erfolgen. Nicht möglich ist hingegen die Anwendung des Widerspruchsrechts, wenn dafür ein anderer Vertrag, der weiterhin Bestand haben soll, nicht mehr erfüllt werden kann. Widerruft zum Beispiel ein Mieter die Einwilligung zur Verarbeitung seiner personenbezogenen Daten, ist dies nicht legitim. Ferner ist ein expliziter Hinweis auf das Widerspruchsrecht bei Vertragsabschluss zwingend erforderlich. Fehlt dieser, wurde die Datenverarbeitung zu Unrecht vorgenommen und die Person hat ein Anrecht auf Löschung der Daten.

3.2.6 Besonders schützenswerte Daten

Es gibt personenbezogene Daten, die besonders sensibel sind und deren Verarbeitung durch die Datenschutzgrundverordnung untersagt wird, beziehungsweise nur in sehr speziellen Fällen erlaubt ist. Laut Gesetzgeber haben diese Daten das Potenzial, die Freiheit der Betroffenen massiv einzuschränken und müssen daher streng geschützt werden. Dass es eine derartige Einschränkung bei der Datenverarbeitung gibt, ist nicht neu und war bereits Bestandteil des Bundesdatenschutzgesetzes. Welche Daten nicht verarbeitet werden dürfen, ist in Art. 9 DSGVO Abs. 1 nachzulesen. Hierbei handelt es sich um:

- Die rassische oder ethnische Herkunft
- Politische Meinungen
- Religiöse oder weltanschauliche Überzeugungen
- Zugehörigkeit zu einer Gewerkschaft
- Genetische Daten
- Biometrische Daten zur eindeutigen Identifizierung einer natürlichen Person
- Gesundheitsdaten
- Daten zum Sexualleben oder der sexuellen Orientierung

Wie man erkennen kann, müssen einige dieser Informationen zwangsläufig irgendwann verarbeitet werden. Gesundheitsdaten sind für Ärzte und Krankenkassen essenziell, und biometrische Daten werden für polizeiliche Ermittlungen benötigt. Aus diesem Grund gibt es einige Ausnahmen des Verbots zur Datenverarbeitung. Die Verarbeitung ist unter anderem erlaubt, wenn

- sie lebenswichtige Interessen der betroffenen Personen schützt,
- sie durch eine politische, gewerkschaftliche oder religiöse Stiftung, Vereinigung oder sonstige Organisation

erfolgt, die den besonderen Schutz der Daten garantiert,
- die betroffene Person die Daten selbst veröffentlicht hat,
- ein öffentliches Interesse an der Verarbeitung der Daten besteht.

Ärzten ist die Verarbeitung der Gesundheitsdaten also ebenso erlaubt, wie Gewerkschaften oder Kirchen Mitgliederlisten anfertigen dürfen. Besonders hervorzuheben ist jedoch Art. 9 DSGVO Abs. 2a. Hier heißt es, dass eine Person auch die Erlaubnis zur Verarbeitung der oben genannten Daten geben kann und somit gewissermaßen auf Schutz der in Art. 9 DSGVO Abs. 1 beschriebenen sensiblen Informationen verzichtet. Abweichende Regelungen können auf Ebene der Mitgliedstaaten der Europäischen Union getroffen werden.

Aber auch hier gilt: keine Datenverarbeitung ohne Grund und nur soweit unbedingt erforderlich. Sind die oben genannten schützenswerten Daten für eine Geschäftsbeziehung zwingend notwendig, kann der Einzelne die Erlaubnis zur Verarbeitung geben, sofern es auf nationaler Ebene nicht grundsätzlich verboten ist. Für Vermieter sind diese Daten unerheblich. Weder die Herkunft noch die politische Meinung oder die religiöse Weltanschauung dürfen in Deutschland als Gründe für oder gegen Mietinteressenten herangezogen werden. Das bedeutet, dass diese Daten von Eigentümern weder abgefragt noch verarbeitet werden dürfen. Dies gilt im Übrigen auch für Fragen nach einer Schwangerschaft: Eine Wohnungsinteressentin darf nicht gefragt werden, ob sie derzeit schwanger ist. Auch hier werden Gesundheitsdaten abgefragt und Persönlichkeitsrechte verletzt. Zu einem späteren Zeitpunkt wird auf diesen Aspekt allerdings nochmal gesondert eingegangen, da hier noch weitere Rechte der Mietinteressenten missachtet werden.

3.2.7 Kinder

In aller Regel sind Vertragspartner volljährig und geschäftsfähig. In einigen Fällen ist aber auch die Verarbeitung personenbezogener Daten von Kindern notwendig. Geregelt wird dieser Aspekt in Art. 8 „Bedingungen für die Einwilligung eines Kindes in Bezug auf Dienste der Informationsgesellschaft“ der DSGVO. Damit eine minderjährige Person ihre Einwilligung zur Datenverarbeitung geben kann, ist die Vollendung des 16. Lebensjahres erforderlich. Vor diesem Alter sind die Erziehungsberechtigten in der Pflicht, die Einverständniserklärung zu prüfen und zu unterzeichnen. Abweichende Regelungen hiervon sind auf Ebene der EU-Mitgliedstaaten zulässig. Ein Kind muss hiernach jedoch mindestens das 13. Lebensjahr vollendet haben, um die Einwilligung zur Datenverarbeitung geben zu können.

Besonders für Unternehmen der IT-Branche ist hier Abs. 2 des Artikels interessant. Hierin heißt es, dass „unter Berücksichtigung der verfügbaren Technik angemessene Anstrengung“ unternommen werden muss, um sicherzustellen, dass keine Kinder unterhalb der festgelegten Grenze ohne Zustimmung der Eltern eine Einverständniserklärung unterzeichnen. Nicht selten und vor allem bei sozialen Netzwerken ist allerdings fragwürdig, inwieweit ein wirksamer Schutz etabliert wurde, der Minderjährige daran hindert, von der Plattform Gebrauch zu machen.

3.3 Technische und organisatorische Maßnahmen (TOMs)

Die strengen Regelungen der DSGVO etwa zu Informationspflichten, Löschfristen oder zum Widerspruchsrecht sind aber nur ein Teil des umfassenden Maßnahmenkatalogs, welcher einzuhalten ist. Personenbezogene Daten müssen darüber hinaus im Rahmen eines dokumentierten Konzepts vor dem Zugriff durch Dritte geschützt werden. Dieses wird als „technische und organisatorische Maßnahmen" (kurz: TOMs) bezeichnet. Die TOMs müssen dem neuesten Stand der Technik entsprechen, dokumentiert und regelmäßig angepasst werden.

Die Maßnahmen zum Datenschutz werden in Art. 32 DSGVO festgehalten und sind allerdings nicht nur auf technische Sicherheitsstandards beschränkt, sondern umfassen zusätzlich allgemeine organisatorische Aspekte. Für Unternehmen, Selbstständige sowie für Vermieter bedeutet dies, dass die personenbezogenen Daten auch physisch geschützt sein müssen und lediglich einem notwendigen Personenkreis zugänglich gemacht werden dürfen. Wie viel Aufwand zum Schutz der Daten betrieben werden muss, richtet sich nach dem Risiko für die Betroffenen, welches von einem möglichen Sicherheitsverstoß ausgeht, sowie nach dem wirtschaftlichen Aufwand, der für den Datenverarbeiter entsteht. Datenschutz „um jeden Preis" sieht die Datenschutzgrundverordnung nicht vor.

3.3.1 Je sensibler die Daten, desto höher der Schutzbedarf

Das bedeutet, dass der geforderte Aufwand für den Datenschutz im Verhältnis zu der Sensibilität der Daten stehen sollte. So muss sich eine Arztpraxis mit sensiblen Gesundheitsdaten an deutlich höhere Datenschutzstandards halten als etwa der Friseur auf dem Land, der lediglich Namen und Telefonnummern in einer Terminliste notiert. Gleichzeitig erkennt die europäische Gesetzgebung allerdings auch an, dass von einem kleinen Unternehmen mit wenigen Kunden und Mitarbeitern ein geringerer Aufwand für den Datenschutz erwartet werden kann als von einem großen Versandhändler mit einer umfassenden Kundenkartei. Letzterer hat erstens mehr Möglichkeiten, hohe Sicherheitsstandards zu etablieren, und zweitens wären deutlich mehr Kunden von einem Datendiebstahl betroffen.

Diese Aspekte werden als Verhältnismäßigkeitsprinzip bezeichnet, welches garantieren soll, dass kleine Unternehmen, Betriebe und Privatpersonen keine unzumutbaren Auflagen erfüllen müssen, die ihre Existenz bedrohen könnten. Das bedeutet, wie im Kapitel 4 noch gezeigt wird, dass private Vermieter mit wenigen Mietwohnungen einen geringeren Aufwand zum Schutz der Daten betreiben müssen als große Immobilienkonzerne oder Hausverwalter.

3.3.2 Geeignete technische Maßnahmen

Die Krux an den technisch-organisatorischen Maßnahmen ist, dass sie permanent angepasst werden müssen. Es genügt nicht, einmal technische Sicherheitsvorkehrungen zu treffen und die TOMs anschließend links liegen zu lassen. In Art. 25 und Art. 32 DSGVO heißt es, dass die technisch-organisatorischen Maßnahmen „[u]nter Berücksichtigung des Stands der Technik“ implementiert werden müssen. Da sich dieser jedoch ändert und Sicherheitsstandards besser werden, sind auch die Maßnahmen im Laufe der Zeit anzupassen. Selbstverständlich kann hierbei das Verhältnismäßigkeitsprinzip berücksichtigt werden.

Nach Art. 32 DSGVO sind technische Maßnahmen geeignet, sofern sie unter anderem folgendes gewährleisten können:

a) die Pseudonymisierung und Verschlüsselung personenbezogener Daten;
b) die Fähigkeit, die Vertraulichkeit, Integrität, Verfügbarkeit und Belastbarkeit der Systeme und Dienste im Zusammenhang mit der Verarbeitung auf Dauer sicherzustellen;
c) die Fähigkeit, die Verfügbarkeit der personenbezogenen Daten und den Zugang zu ihnen bei einem physischen oder technischen Zwischenfall rasch wiederherzustellen;
d) ein Verfahren zur regelmäßigen Überprüfung, Bewertung und Evaluierung der Wirksamkeit der technischen und organisatorischen Maßnahmen zur Gewährleistung der Sicherheit der Verarbeitung.

Vermieter müssen Mieterdaten in der Regel nicht pseudonymisieren, weil sie dann ihren Zweck nicht mehr erfüllen können. Eine Verschlüsselung der Daten – gerade bei der Kommunikation per E-Mail – kann aber dennoch ratsam sein. Ansonsten sollten Systeme vor Zugriff durch Dritte geschützt sein und regelmäßig mithilfe von Backups gesichert werden.

3.3.3 Dokumentationspflicht

Wenn Schutzsysteme – unabhängig davon, ob diese digital oder analog sind – implementiert werden, um personenbezogene Daten zu schützen, müssen die ergriffenen Maßnahmen dokumentiert werden. Die Dokumentation sorgt vor allem im Falle eines Datendiebstahls dafür, rechtlich abgesichert zu sein. So lässt sich rückwirkend nachweisen, dass den Bestimmungen der DSGVO Genüge getan und angemessene Maßnahmen zum Datenschutz ergriffen wurden. Vor allem kleine Unternehmen verzichten bedauerlicherweise häufig auf die Dokumentation und riskieren bei einem Datendiebstahl oder sonstigen Datenschutzverstößen hohe Geldbußen. Die Pflicht zur Dokumentation geht aus Art. 5 DSGVO Abs. 2 hervor, welcher sich mit der „Rechenschaftspflicht" befasst.

3.3.4 Auftraggeber und Auftragnehmer

Erhebt ein Unternehmen Daten und lässt diese von einem externen Dienstleister weiterverarbeiten, ist es wichtig sicherzustellen, dass der Datenverarbeiter technische und organisatorische Maßnahmen ergreift, um die Datensicherheit zu gewährleisten. Aus diesem Grund ist es ratsam, wenn Auftraggeber die Dokumentation über die TOMs anfordern und sich so ein Bild über den Datenschutz verschaffen. Wählt ein Auftraggeber den Auftragnehmer, also den Weiterverarbeiter der Daten, nämlich nicht sorgfältig aus, könnte es im Falle eines Datenschutzverstoßes zu Haftungsansprüchen gegen den Auftraggeber kommen. Laut der europäischen Gesetzgebung teilen sich Auftraggeber und Auftragnehmer nämlich in den meisten Fällen die Verantwortung über die ihnen anvertrauten Daten. Daher ist es auch für Vermieter, die einen Teil der Aufgaben an Hausverwalter abgeben, wichtig, sich nach der Dokumentation nach den technischen und organisatorischen Maßnahmen zu erkundigen und sich ein Bild über die Datenschutzmaßnahmen zu verschaffen.

3.3.5 Beispiele für die technisch-organisatorischen Maßnahmen

Die Möglichkeiten, um personenbezogene Daten zu schützen, sind vielfältig, müssen aber auch immer von einer wirtschaftlichen Seite betrachtet werden. Dank des Verhältnismäßigkeitsprinzips muss der Datenschutz nicht ins Unermessliche gesteigert werden. Besonders private Vermieter fragen sich aber immer wieder, welche Maßnahmen wirklich notwendig sind, um personenbezogene Daten datenschutzkonform zu schützen. Auch für kleinere Unternehmen ist es nicht immer einfach zu entscheiden, wie weit der Schutz nun gehen muss. Im Folgenden daher eine nicht abschließende Auflistung möglicher technischer und organisatorischer Maßnahmen, welche unter anderem an die alte Fassung des § 9 Bundesdatenschutzgesetz (BDSG) angelehnt sind. Sie sind sowohl für private Vermieter wie auch für Hausverwaltungen interessant.

Gebäudesicherheit

Das Gebäude, in dem sich die zu sichernden Daten befinden, kann mit Hilfe von Alarmanlagen oder Sicherungen an Türen und Fenstern ausgestattet werden, um die Daten gegen unbefugten Zugriff abzusichern. Diese recht kostspieligen Maßnahmen sind jedoch eher für Unternehmen oder kleine Firmen mit sensiblen Daten geeignet. Bei privaten Vermietern genügt es, wenn die personenbezogenen Daten in einem abschließbaren Raum aufbewahrt werden.

Zugangskontrollen

Für größere Unternehmen kommen etwa auch Pförtner oder Schlüsselkarten mit beschränkten Zutrittsrechten in Betracht. Während ersteres wieder eine Kostenfrage darstellt, kann letzteres auch von kleinen Unternehmen schnell etabliert werden. Besonders große datenverarbeitende Unternehmen haben eine Ausweispflicht auf dem Gebäude. Sie schießt bei kleinen Unternehmen über das Ziel hinaus, stellt in größeren Betrieben, in denen es ein gewisses Maß an Anonymität gibt, jedoch eine sinnvolle Maßnahme dar.

Datenverschlüsselung und Passwörter

Personenbezogene Daten können verschlüsselt und mit komplexen Passwörtern geschützt werden. Die Verschlüsselung ist obligatorisch, sobald Daten über das Internet versendet werden müssen. Daher gehören VPN-Tunnel und Proxys, etwa für Mitarbeiter im Homeoffice, mittlerweile zum Standard vieler Unternehmen. Sichere Passwörter stellen auch für private Vermieter die Grundlagen zum Schutz der Mieterdaten dar, werden jedoch leider immer wieder vernachlässigt. Technische Hilfsmittel wie Passwortmanager sind in der Regel zur kostenfreien Nutzung freigegeben und stellen eine sinnvolle Maßnahme zur technischen Sicherheit dar. Auch eine Verschlüsselung sensibler Daten ist heutzutage für technisch weniger versierte Anwender problemlos und kostenfrei möglich.

Protokollierung der Zugriffe

Besonders für digitale Daten eignet es sich, die Zugriffe zu protokollieren. Benutzerkonten mit unterschiedlichen Zugriffsrechten ergänzen diesen Aspekt sinnvoll. Des Weiteren muss zwingend der Personenkreis mit Zugriff auf die personenbezogenen Daten auf ein Minimum begrenzt werden. Dies gilt auch für Familienangehörige von privaten Vermietern. Getrennte Nutzerkonten sind wichtig, wenn sich mehrere Personen einen Computer teilen.

Schutz vor bösartiger Software und Schulungen

Firewalls und Antiviren-Programme gehören mittlerweile für die meisten Unternehmen zum Standard. Da es häufig die eigenen Mitarbeiter sind, die (unbeabsichtigt) Angreifern Zugang zu den Daten gewähren, sind auch Datenschutzschulungen der Angestellten Teil der technisch-organisatorischen Maßnahmen. Eine solche Schulung mit anschließendem Test sollte einmal im Jahr durchgeführt werden. Ist ein Datenschutzbeauftragter im Unternehmen vorhanden, übernimmt dieser in der Regel die Sensibilisierung der Mitarbeiter für die IT-Sicherheit. Private Vermieter müssen sich hingegen selbst schlau machen und dafür sorgen, dass der eigene PC frei von Schadsoftware ist.

Anmerkung:

Bei den aufgeführten Maßnahmen handelt es sich um grundlegende Sicherheitsstandards, die je nach Sachlage eingeführt werden können. Für private Vermieter werden in den Abschnitten 4.7 (Technisch-organisatorische Maßnahmen für Vermieter) sowie 6.3 (Wie private Vermieter Datenpannen vorbeugen können) noch einmal Praxisbeispiele erläutert, wie personenbezogene Daten bereits mit wenig Aufwand geschützt werden können.

3.3.6 Meldepflicht bei Verletzungen des Datenschutzes

Trotz aller Maßnahmen kann es vorkommen, dass diese nicht immer Wirkung zeigen und Daten entwendet werden. In einer solchen Situation muss dringend ein kühler Kopf bewahrt und aktiv gehandelt werden. Sollte ein Datenschutzbeauftragter im Unternehmen existieren, so ist dieser unverzüglich hinzuzuziehen. Der Datenschutzbeauftragte muss dann innerhalb von 72 Stunden die gemäß Art. 55 DSGVO verantwortliche Aufsichtsbehörde informieren.

Diese muss über den Umfang der Verletzung des Datenschutzes aufgeklärt und detailliert darüber in Kenntnis gesetzt werden, welche Art von personenbezogenen Daten entwendet wurden. Eine persönliche Einschätzung der Folgen des Datenlecks für die Privatpersonen ist vom Datenschutzbeauftragten ebenso anzufertigen wie mögliche Maßnahmen, die ergriffen werden können, um den Schaden für die Privatpersonen zu minimieren. Hieran zeigt sich auch die besondere Relevanz der in Abschnitt 3.3.2 beschriebenen Dokumentationspflicht: Im Falle eines Zwischenfalls lässt sich so nachweisen, dass alle notwendigen Maßnahmen ergriffen wurden, um die personenbezogenen Daten zu schützen. Eventuelle Strafzahlungen lassen sich so verhindern oder zumindest minimieren.

3.3.7 Technisch-organisatorische Maßnahmen werden häufig ignoriert

Kleinere Unternehmen, aber auch private Vermieter beachten die technisch-organisatorischen Maßnahmen oft nur unzureichend. Dabei sind sie notwendig, um Daten mit Personenbezug zu schützen. Des Weiteren hilft die Dokumentation der TOMs dabei, im Falle eines Datendiebstahls nachzuweisen, dass ausreichende Maßnahmen ergriffen wurden. Auf diese Weise lassen sich sogar Strafen verhindern oder zumindest abmildern. Daher sei Vermietern an dieser Stelle ans Herz gelegt, die Dokumentation vorzunehmen und auch bei beauftragten Unternehmen auf die Einhaltung und Niederschrift der technisch-organisatorischen Maßnahmen zu achten. Praktische Tipps zur Umsetzung der TOMs sind in Abschnitt 4.7 nachzulesen.

4. Auswirkungen der DSGVO auf Vermieter, Hausverwalter und Makler

Wie bisher gezeigt wurde, ist die DSGVO ein umfassendes Werk, welches zwar deutlich mehr Datenschutz für die Bürger der Europäischen Union verspricht, andererseits jedoch einen erhöhten Aufwand für Datenverarbeiter zur Konsequenz hat. Die Datenschutzgrundverordnung betrifft zahlreiche Lebensbereiche und macht daher auch vor der Immobilienbranche nicht halt. Viele Vermieter sind sich jedoch gar nicht bewusst, was die DSGVO für sie und ihre Rolle als vermietender Wohnungseigentümer eigentlich bedeutet. Daher ist es nicht weiter verwunderlich, dass Vermieter die Verordnung oft ignorieren oder lediglich bestimmte Aspekte wie die Informationspflicht berücksichtigcn.

Aber auch für private Vermieter, Hausverwalter und Makler gilt die DSGVO mit all ihren Facetten – von den Pflichten bis zu den möglichen Sanktionen bei Nichteinhaltung. Im Folgenden wird daher ein Überblick über die Aspekte gegeben, die Vermieter dringend beherzigen sollten. In den meisten Fällen gelten die Regelungen sowohl für Privatvermieter wie auch für Hausverwalter und Makler. Letztere müssen jedoch ein besonderes Augenmerk auf die technischen und organisatorischen Maßnahmen legen. Für Vermieter ist wiederum besonders wichtig, dass sichergestellt ist, dass von ihnen beauftragte Drittunternehmen wie Verwalter und Makler im Rahmen der DSGVO handeln und die personenbezogenen Daten der Mieter einen entsprechenden Schutz erfahren.

4.1 Informationsschreiben und Einwilligungserklärung

Vermieter haben ein besonderes Interesse daran, personenbezogene Daten im Vorfeld einer Vermietung zu erfassen. Dieses Vorgehen, zum Beispiel im Rahmen einer Mieterselbstauskunft, ist legitim und wird auch von der DSGVO gedeckt. Wie in Abschnitt 3.1.1 beschrieben wurde, müssen Mieter und Mietinteressenten aufgrund der Informationspflicht über die Verarbeitung der personenbezogenen Daten aufgeklärt werden. Hierzu zählt neben allgemeinen Informationen über den Erfasser der Daten (also über Sie) sowie den Zweck der Datenerhebung auch eine Auflistung der personenbezogenen Daten, die erfasst werden. Gleichzeitig muss auf die Weitergabe der Daten an Dritte hingewiesen und genau dokumentiert werden, welchen Grund die Weitergabe an einen Datenverarbeiter hat. In aller Regel ist die Übergabe der personenbezogenen Daten etwa für die Betriebskostenabrechnung, die Hausverwaltung oder die Steuererklärung unerlässlich. Die Formulierungen müssen in deutscher Sprache erfolgen sowie klar und verständlich sein. Eine Einwilligung zur Datenverarbeitung ist durch eine Unterschrift einzuholen.

Des Weiteren ist auf das Widerrufsrecht im Informationsschreiben hinzuweisen. Einige Vermieter sind an dieser Stelle verunsichert und wissen nicht, was passiert, wenn ein Mieter oder ein Mietinteressent von seinem Widerrufsrecht Gebrauch macht. Wie bereits erwähnt, ist der Widerruf für einen Mieter nicht möglich, sofern dieser Widerspruch personenbezogene Daten betrifft, die zur Aufrechterhaltung des Mietverhältnisses zwingend notwendig sind. Da Vermieter verpflichtet sind, die Unterlagen abgelehnter Bewerber zeitnah zu vernichten, ist ein Widerruf der Einwilligungserklärung zur Verarbeitung personenbezogener Daten durch den Mietinteressenten nicht notwendig.

4.2 Mieterselbstauskunft

Um die Mietsache zu schützen, ist es heute selbstverständlich, von den Mietinteressenten eine ausgefüllte Mieterselbstauskunft zu verlangen. Hierin geben sie Auskunft über ihre derzeitige Lebenssituation, das Beschäftigungsverhältnis, eventuelle eidesstattliche Versicherungen und wirtschaftlichen Verhältnisse. Eine Mieterselbstauskunft ist aufgrund der abgefragten Daten wie Name, Anschrift und Geburtsdatum Grundlage für registergestützte Überprüfungen, wie sie auch Mietercheck.de anbietet. Die Selbstauskunft hat aber vor allem einen Zweck: die Mietinteressenten etwas besser kennenzulernen, einschätzen zu können und die Spreu vom Weizen zu trennen. Nur so lassen sich solvente von zahlungsunfähigen Bewerbern unterscheiden und Mietnomaden frühzeitig erkennen.

Laut der Datenschutzgrundverordnung ist eine solche Abfrage von personenbezogenen Daten legitim, da sie laut Art. 6 Abs. 1 DSGVO einem berechtigten Interesse nachkommt und einer Vertragsanbahnung dient. Auf unzulässige Fragen, welche durch andere Gesetze oder Gerichtsentscheidungen als nicht rechtmäßig eingestuft wurden, weil sie zum Beispiel diskriminieren könnten, muss natürlich dennoch verzichtet werden. Des Weiteren dürfen vor dem Besichtigungstermin lediglich notwendige Daten erhoben werden, welche für die Besichtigung unabdingbar sind. Das bedeutet, dass zunächst ausschließlich Name und Kontaktmöglichkeiten wie die Telefonnummer oder E-Mail-Adresse aufgenommen werden dürfen.

Bei der Wohnungsbesichtigung dürfen vom Wohnungsinteressenten dann die weiteren Auskünfte verlangt werden. Ferner gilt, dass die Datenabfrage möglichst sparsam erfolgen sollte und wirklich nur Aspekte umfasst, welche für ein Mietverhältnis von Belang sind. Ausgefüllte Mieterselbstauskünfte sollten an einem sicheren Ort verwahrt werden und vor dem Zugriff durch Dritte geschützt sein. Wurden sie in Papierform eingereicht, eignet sich eine abschließbare Schublade ebenso wie ein Safe. Digitale Unterlagen können auf der Festplatte gespeichert werden, sofern niemand Drittes darauf zugreifen kann. Die Ablage auf Cloudservern (außerhalb der EU) sollte jedoch vermieden werden.

Für E-Mail-Postfächer gelten allerdings andere Regeln. Auch hier stehen die Server bei einem Unternehmen und sind von jedem Ort der Welt aus erreichbar. Dennoch können E-Mails selbstverständlich zur Kommunikation und Übermittlung sensibler Mieterdaten verwendet werden. Auf eine sichere Verschlüsselung sollte dennoch geachtet und die Mieterdaten nicht länger als notwendig auf dem Server gespeichert werden.

Nachdem die Wahl auf einen Mietinteressenten gefallen ist, sind die Mieterselbstauskünfte zeitnah zu löschen (siehe Abschnitt 4.3), es sei denn, es besteht der begründete Verdacht, dass ein abgelehnter Wohnungsinteressent klagen möchte. Juristen sind sich an dieser Stelle weitestgehend einig, dass die Aufbewahrung der Selbstauskünfte in einem solchen Fall zu Beweiszwecken möglich ist, denn letztendlich war die Mieterselbstauskunft relevant für die Auswahl.

4.2.1 Bonitätsauskunft

Es gibt heutzutage kaum noch Vermieter, die auf eine Mieterselbstauskunft verzichten. Sie hilft – zusammen mit Gehaltsnachweisen, Vorvermieter- und Arbeitgeberbescheinigung –, den richtigen Mieter zu finden. Vor zahlungsunwilligen Mietern sowie Mietnomaden schützen diese Unterlagen aber nur bedingt. Auf dem Papier mag ein bestimmtes Einkommen gut aussehen, aber dies sagt nichts über die Zahlungsmoral des Mietinteressenten aus. In den letzten Jahren hat die Verschuldung der Privathaushalte zugenommen, wodurch die Zahl der Verbraucherinsolvenzen gestiegen ist und viele ihre Kredite nicht begleichen konnten.

Aus diesem Grund sind zahlreiche Wohnungsbesitzer dazu übergegangen, sich über Auskunfteien ein Bild über die finanzielle Situation der Mietinteressenten zu verschaffen. Für eine registergestützte Bonitätsauskunft, wie sie Mietercheck.de anbietet, sind personenbezogene Daten wie Name, Anschrift und Geburtsdatum des Mietinteressenten notwendig. Die Abfrage erfolgt über die Mieterselbstauskunft. Vermieter sollten die Informationen allerdings im eigenen Interesse mit dem Personalausweis des Mietinteressenten abgleichen. Es ist rechtlich legitim, diesen kurz zu bitten, seinen Ausweis vorzuzeigen, um zu überprüfen, ob die Daten stimmen.

Die personenbezogenen Daten dürfen allerdings nicht ohne Weiteres an eine Auskunftei weitergeleitet werden, da es sich um eine Weitergabe an Dritte handelt. Vermieter benötigen für eine (registergestützte) Bonitätsauskunft die in Abschnitt 3.1.5 erläuterte Einwilligung des Mietinteressenten oder die Kenntnisnahme eben dieser Anfrage durch den Betroffenen (Mietinteressenten).

Im Rahmen der Informationspflichten muss daher explizit erwähnt werden, dass die Daten zum Zweck einer Bonitätsprüfung an Dritte weitergegeben werden.

Es kommt selten vor, dass Mietinteressenten aus diesem Grund die Unterschrift unter der Einwilligungserklärung verweigern, da sie ein Interesse an der Wohnung haben. Eine fehlende Zustimmung würde Wohnungssuchende unweigerlich ins Abseits befördern. Vermieter müssen diese nicht bei der Auswahl des zukünftigen Mieters berücksichtigen. Ein Mietinteressent, der keine Bonitätsprüfung wünscht, tut dies nicht zwangsläufig, weil er Datenschutzbedenken hat – in den häufigsten Fällen verbirgt er etwas.

Des Weiteren fragen sich viele Vermieter, wie es um die Rechtsgrundlage bei der Weitergabe der personenbezogenen Daten zum Zweck einer Bonitätsprüfung bestellt ist. Diese ist nach Art. 6 gegeben, da einerseits ein berechtigtes Interesse des Vermieters besteht (Art. 6 Abs. 1 f DSGVO). Außerdem hat der Mietinteressent nach Art. 6 Abs. 1 a DSGVO die Einwilligungserklärung zur Weitergabe an Dritte unterzeichnet. Für Datenschutzexperten ist daher unstrittig, dass die Bonitätsprüfung durch die Regelungen der DSGVO gedeckt ist.

Da sich immer mehr Wohnungseigentümer für eine Bonitätsauskunft vor dem Zustandekommen eines Mietverhältnisses entscheiden, haben sich Mietinteressenten mittlerweile daran gewöhnt. Verweigerte Einwilligungserklärungen sind daher selten. Des Weiteren hat sich eine solche Überprüfung als probates Mittel erwiesen, um zahlungsunfähige Mietinteressenten sowie Mietnomaden zu identifizieren. Vermietern ist daher anzuraten, sich durch eine registergestützte Bonitätsprüfung abzusichern.[1]

4.3 Welche Daten dürfen Vermieter erheben und verarbeiten?

Die Abfrage von personenbezogenen Daten der zukünftigen Mieter ist notwendig zur Anbahnung und Aufrechterhaltung einer Geschäftsbeziehung. Neben der Selbstauskunft müssen Mietinteressenten einige Unterlagen einreichen. Hier ist allerdings unbedingt zwischen Daten, die zur Anbahnung einer Geschäftsbeziehung (also die Unterschrift unter dem Mietvertrag) notwendig sind, und denen, die zur Aufrechterhaltung des Mietverhältnisses unabdingbar sind, zu unterscheiden.

Vermieter dürfen von ihren Mietinteressenten Gehaltsnachweise und Bonitätsauskünfte verlangen. Auch eine Vorvermieterbescheinigung einzufordern ist erlaubt. (Wobei es für den aktuellen Vermieter keine Pflicht gibt, dieses Entlastungsschreiben auszufüllen.) Diese personenbezogenen Daten helfen dem Eigentümer, eine Entscheidung für oder gegen einen Mietinteressenten zu treffen, und dienen damit der Anbahnung einer Geschäftsbeziehung. Benötigt werden diese zur Aufrechterhaltung eines Mietverhältnisses jedoch nicht. Die Unterlagen sollten daher nach ungefähr ein bis zwei Jahren nach Beginn des Mietverhältnisses gelöscht werden. Sollten Mieter falsche Unterlagen eingereicht und über ihre wirtschaftlichen Verhältnisse gelogen haben, können diese im Falle eines Gerichtsverfahrens als Beweise herangezogen werden. Falls das Mietverhältnis

[1] Mehr zum Thema „registergestützte Bonitätsauskunft" erhalten Sie unter www.mietercheck.de

jedoch ein bis zwei Jahre ohne jegliche Beanstandung andauert, sollten Vermieter diese Unterlagen vernichten. Haben Mieter vor Einzug über ihre finanzielle Situation gelogen und begleichen die Mietschuld über Jahre pünktlich, ist es schwer, ihnen aufgrund dieser Unwahrheit noch zu kündigen. Nach einem so langen Zeitraum ist es notwendig, dass sie dann tatsächlich mit ihrer Miete in Verzug geraten sind, um ihnen kündigen zu können.

Die eingereichten Unterlagen von abgelehnten Mietinteressenten sind hingegen bis zu sechs Monate aufzubewahren. Sollten abgelehnte Interessenten nach dem Allgemeinen Gleichbehandlungsgesetz (AGG) klagen, können die Daten als Beweismittel relevant sein. Dauerhafte Aufbewahrung oder gar im Falle einer späteren Bewerbung auf die Unterlagen zurückzugreifen, ist laut DSGVO jedoch verboten. Dies gilt für eingereichte Unterlagen wie Gehaltsnachweise ebenso wie für Mieterselbstauskünfte.

Bestimmte personenbezogene Daten dürfen von Vermietern jedoch nicht erhoben werden. Diese sind einerseits – wie im Abschnitt 3.2.6 beschrieben – besonders schützenswert und andererseits laut gängiger Rechtsprechung für eine Vermietung nicht relevant. Hierzu zählen unter anderem

- die ethnische Herkunft,
- Gesundheitsdaten inklusive Informationen über eine bestehende Schwangerschaft,
- politische Positionen,
- Mitgliedschaft in Parteien, Gewerkschaften, religiösen Gemeinschaften, Vereinen,
- Vorstrafen,
- sexuelle Orientierung.

Diese Informationen decken sich in etwa mit bereits erwähnten besonders schützenswerten Daten. Weitere Informationen, die – unabhängig von der DSGVO – vom Vermieter weder erhoben noch verarbeitet werden dürfen, betreffen unter anderem

- Hobbys (zum Beispiel, ob der Interessent ein Instrument spielt),
- ob der Wohnungsinteressent raucht,
- zukünftige Familienplanung (Heirat, Kinder, etc.),
- wie oft der Mietinteressent Besuch erhält.

Grundsätzlich können Fragen zu diesen Themen Klagen des Mietinteressenten nach sich ziehen. Auch lügen darf ein potenzieller Mieter bei diesen Themen. Ist das der Fall und nach Beginn des Mietverhältnisses wird die Lüge offenbart, stellt dies keinen legitimen Kündigungsgrund dar.

Bis hierhin wurde erläutert, welche Daten Vermieter von den Mietinteressenten erheben dürfen und welche nicht. Auch die Pflicht zur Löschung nicht mehr benötigter Daten wurde beschrieben. Aber welche Daten dürfen während eines Mietverhältnisses behalten werden? Hier müssen sich Vermieter auf ein Minimum der Informationen beschränken, die zur Aufrechterhaltung eines Mietverhältnisses benötigt werden. Da Mieter im Rahmen des Auskunftsrechts eine Anfrage an den Vermieter über die verarbeiteten Daten stellen können, sind diese Einschränkungen ernst zu nehmen. Zur Verarbeitung erlaubte Daten sind:

- Name und Geburtsdatum
- Anschrift
- weitere Kontaktdaten wie Telefonnummer und E-Mail-Adresse

- Bankdaten

Des Weiteren können (und müssen) Betriebskostenabrechnungen gespeichert werden. Gehaltsnachweise haben, wie oben bereits erwähnt, ungefähr ein bis zwei Jahre nach Abschluss des Mietvertrages im Falle pünktlicher Zahlungen keine Relevanz mehr, daher sind auch diese Unterlagen überflüssig. Kommunikation mit dem Mieter fällt selbstverständlich auch unter die DSGVO und muss besonders berücksichtigt werden. Schriftverkehr per E-Mail oder Brief können Vermieter für die Dauer des Mietverhältnisses aufbewahren, sollte aber im Sinne des Datenschutzes für Dritte unzugänglich sein.

4.4 Wartelisten

Gelegentlich kann es vorkommen, dass ein Mietinteressent zwar für eine Wohnung geeignet ist, aber dennoch ein anderer Bewerber den Zuschlag erhält. In der Praxis ist es nicht unüblich, solche Mietinteressenten auf Verlangen auf eine Warteliste zu setzen, sofern der Vermieter noch über weitere Mietwohnungen verfügt, welche in naher Zukunft leer stehen könnten. Hier ist allerdings Vorsicht geboten: Die Mieterselbstauskunft ist nach der Absage der ersten Wohnung wieder zu vernichten. Das bedeutet, dass der Mietinteressent beim nächsten Besichtigungstermin neue Unterlagen ausfüllen muss.

Der Grund hierfür liegt in der Zweckgebundenheit der Datenerhebung. Der Zweck – also die Vermietung einer bestimmten Wohnung – kann nicht mehr erfüllt werden. Daher ist die Mieterselbstauskunft auch zu löschen, sofern sich der Mietinteressent auf eine Warteliste für eine ähnliche Wohnung – vielleicht sogar im selben Haus – setzen lassen möchte. Für die Warteliste dürfen des Weiteren nur notwendige Daten, also Name und Kontaktmöglichkeiten, gespeichert werden. Dies bedeutet zwar vor allem für den Mietinteressenten einen Mehraufwand, Vermieter sollten hier aber auf Nummer sicher gehen und die Selbstauskunft vernichten.

4.5 Handwerker

Reparaturen stehen in jeder Wohnung gelegentlich an. Zur reibungslosen Terminvereinbarung ist es am besten, wenn der Handwerker direkt mit dem Mieter in Kontakt treten kann. Dafür müsste der Vermieter allerdings die Kontaktdaten des Bewohners weiterreichen. Durch die Datenschutzgrundverordnung sind viele Wohnungseigentümer allerdings verunsichert: Bedarf es in einem solchen Fall der ausdrücklichen Zustimmung des Mieters zur Weitergabe der personenbezogenen Daten?

Eigentlich ist die DSGVO hier eindeutig, denn Art. 6 Abs. 1 f erlaubt die Übermittlung der Kontaktdaten, sofern ein berechtigtes Interesse vorliegt. Die Instandhaltung der Wohnung gehört zu den Pflichten eines Vermieters und eine Rechtsgrundlage ist somit gegeben. Datenschutzexperten sind sich allerdings in einem Punkt uneinig: Theoretisch könnte der Vermieter die Terminabsprache auch selbst mit Handwerker und Mieter vornehmen, was selbstverständlich mit einem gewissen Aufwand verbunden ist.

Das Bayerische Landesamt für Datenschutz ist sich aber sicher: Die Weitergabe der personenbezogenen Daten an

Handwerker ist erlaubt.[2] Dennoch ist es notwendig, die Einwilligungserklärung zur Datenverarbeitung entsprechend anzupassen und die Weitergabe personenbezogener Daten an Handwerker zum Zwecke der Instandhaltung explizit zu erwähnen. Mit einer Unterschrift unter der Einwilligungserklärung ist der Vermieter dann auf der sicheren Seite.

Auch hier gilt jedoch das Prinzip der Datenminimierung. Nur die notwendigen personenbezogenen Daten dürfen übermittelt werden. Für den Handwerker sind Name, Telefonnummer und Anschrift des Mieters ausreichend. Ferner muss der Handwerker nach vollendeter Arbeit die Kontaktdaten wieder löschen.

4.6 Verwaltung der Mietwohnung

Komplizierter wird es hingegen bei der Verwaltung einer Wohnung durch Dritte. Vermieter erteilen häufig Wohnungsverwaltern ein Mandat, um den persönlichen Aufwand zu minimieren. Hier muss allerdings genau hingeschaut werden, welche Aufgaben an die Mietverwaltung übergeben werden. In aller Regel lässt sich nach Art. 26 DSGVO eine gemeinsame Verantwortlichkeit ableiten. Das bedeutet, dass Vermieter dem Verwalter nicht blind vertrauen sollten. Die Einhaltung der Datenschutzgrundverordnung sollten Eigentümer selbst kontrollieren und sich Musterinformationsschreiben oder die Dokumentation der technischen und organisatorischen Maßnahmen vorlegen lassen. Die Weitergabe der personenbezogenen Daten des Mieters an einen Hausverwalter ist aber grundsätzlich

[2] https://www.lda.bayern.de/de/faq.html

kein Problem und sollte im Informationsschreiben an den Mieter erwähnt werden.

4.7 Technisch-organisatorische Maßnahmen für Vermieter

Wie in Abschnitt 3.3 ausführlich erläutert wurde, ist es wichtig, technische und organisatorische Maßnahmen zu ergreifen, um die personenbezogenen Daten der Mieter zu schützen. Vor allem der Grundsatz der Verhältnismäßigkeit ist für Vermieter entscheidend und kommt diesen ein Stück weit entgegen. Ein großer Immobilienkonzern muss demnach umfassendere technisch-organisatorische Maßnahmen implementieren als ein privater Vermieter mit einer Handvoll Wohnungen, da im Falle einer Datenpanne deutlich mehr Mieter betroffen wären. Gleichzeitig haben Immobilienkonzerne viele Mitarbeiter, die mit der Verarbeitung von personenbezogenen Daten betraut sind und ebenfalls ein Risiko darstellen, gegen das es sich abzusichern gilt.

Grundlegende technische Sicherheitsmaßnahmen wie ein Virenschutz oder eine Firewall sollten aber auch private Vermieter implementieren. Um die personenbezogenen Daten der Mieter ausreichend vor Dritten zu schützen, ist es außerdem notwendig, sichere Passwörter für den PC und die E-Mail-Konten zu wählen. Auch wenn diese Regel in der heutigen Zeit selbst von Privatpersonen zur eigenen Sicherheit beachtet werden sollte, gehen viele Menschen allzu fahrlässig mit der Passwortsicherheit um. Private Vermieter müssen hier allerdings besonders Acht geben, da im Falle eines Datendiebstahls Konsequenzen drohen können. Der Schutz der Mieterdaten muss im Übrigen auch gegenüber Familienangehörigen gewährleistet sein. Selbst nahen Verwandten darf nicht ohne Weiteres Zugriff auf die personenbezogenen Daten der Mieter gewährt werden.

Häufig ist es jedoch ein unbedarfter Umgang mit der Technik, der einen Datenschutzverstoß provoziert. Der Klassiker unter den Datenschutzverstößen stellt die E-Mail an einen bestimmten Empfängerkreis dar, ohne die E-Mail-Adressen unkenntlich zu machen. Vor derartigen Fehlern sind selbst große Unternehmen oder staatliche Institutionen nicht gefeit. Private Vermieter sollten in diesem konkreten Beispiel darauf achten, Rundmails nur per BCC (Blind carbon copy) zu verschicken.

Grundsätzlich sollten sich private Vermieter daher mit dem Thema der Security Awareness befassen. In größeren Konzernen organisieren Datenschutzbeauftragte oder -experten Schulungen für die Mitarbeiter. Private Vermieter müssen hingegen selbst tätig werden und sich das notwendige Know-how aneignen. Auch dies ist Teil der technisch-organisatorischen Maßnahmen. Private Vermieter sind in der Pflicht, ihre zur Datenverarbeitung genutzten Geräte frei von Schadsoftware zu halten, und sollten sich daher im Bereich der Computersicherheit fortbilden.

Auch der Umgang mit Papierunterlagen ist nicht unproblematisch. Ein gewöhnlicher Schrank ist kein geeigneter Ort, um die personenbezogenen Daten der Mieter und Vertragsunterlagen aufzubewahren. Im Falle eines Einbruchs und gestohlenen Unterlagen muss nachgewiesen werden, dass die Daten mit Personenbezug sicher hinterlegt waren. Sensible Daten sollten daher in einem abschließbaren Aktenschrank aufbewahrt werden. Die Unterbringung der Dokumente in einem Safe ist selbstverständlich noch sicherer, allerdings nicht notwendig.

4.8 Technisch-organisatorische Maßnahmen für Hausverwaltungen

Für Hausverwaltungen sind die Anforderungen im Rahmen der DSGVO deutlich höher. Auch dies lässt sich aus dem Verhältnismäßigkeitsprinzip ableiten. Das Problem besteht darin, dass bei einem Diebstahl von personenbezogenen Daten in der Regel deutlich mehr Mieter betroffen sind, als dies bei kleinen privaten Vermietern der Fall ist. Hausverwaltungen stellen daher auch ein interessanteres Ziel für Hacker dar.

Die Einrichtung von technischen Maßnahmen, welche von Vermietern zu erwarten sind, um die Daten der Mieter zu schützen, werden ebenfalls von Hausverwaltungen verlangt. Hierzu zählen etwa die Einrichtung einer Firewall, die Nutzung von Anti-Viren-Software sowie das Verwenden von sicheren Passwörtern. Ferner sollte geprüft werden, ob wirklich alle Mitarbeiter Zugang zu allen personenbezogenen Daten benötigen.

Gleichzeitig sind alle Mitarbeiter für den Datenschutz zu sensibilisieren. Dies kann etwa durch Schulungen geschehen, welche einmal jährlich absolviert werden müssen. Der Zutritt zum Gebäude sollte nach Möglichkeit ebenfalls beschränkt werden. Große Hausverwaltungen müssen hier sicherlich über technische Maßnahmen wie ein Zugangssystem nachdenken, für die durchschnittliche Hausverwaltung sollte es aber ausreichend sein, Dritte nicht unbeaufsichtigt zu lassen.

4.9 Nach Auszug des Mieters

Gehen Vermieter und Mieter getrennte Wege, hat sich über die Jahre meistens einiges an Papieren angesammelt. Hier sind oft personenbezogene Daten wie Kontodaten, Geburtsdaten, Namen der Kinder oder dergleichen zu finden. Leider ist es auch heute noch bei einigen privaten Vermietern üblich, die Mieterdaten über Jahrzehnte in Aktenordnern verstauben zu lassen. Dies ist mittlerweile durch die DSGVO aber nicht mehr rechtmäßig. Grundsätzlich gilt: Alles, was nicht mehr zwingend benötigt wird, muss nach dem Auszug des Mieters vernichtet werden. Werden Unterlagen aus steuerrechtlichen Gründen oder wegen einer juristischen Auseinandersetzung noch benötigt, müssen sie natürlich so lange aufbewahrt werden, bis dieser Zweck erfüllt ist. Besonders das Steuerrecht verlangt aufgrund der Aufbewahrungsfristen eine lange Speicherung, welche natürlich nicht von der Datenschutzgrundverordnung eingeschränkt werden kann.

Papierunterlagen sollten mithilfe eines Schredders vernichtet und digitale Daten mit entsprechender Software sicher gelöscht werden. Auch hier gilt wieder: Verstoßen Vermieter gegen die Pflicht zur Löschung personenbezogener Daten, können Sanktionen drohen. Da einige Unterlagen aus steuerrechtlichen Gründen sehr lange aufbewahrt werden müssen, sollten entsprechende Maßnahmen getroffen werden, um die Löschfristen nicht zu versäumen.

5. Staatliche Aufsicht, Datenschutzbeauftragter und Sanktionen

Damit die Datenschutzgrundverordnung kein zahnloser Tiger bleibt, hat die Europäische Union Kontrollmechanismen etabliert. Aufsichtsbehörden arbeiten eng mit Unternehmen zusammen, verfügen über Sanktionsmöglichkeiten und sind bei Bedarf sogar weisungsbefugt. Auf Vermieter haben diese eingerichteten Kontrollmechanismen direkten Einfluss. Besonders die Sanktionen können Immobilienbesitzer empfindlich treffen, da die Geldbußen bei Datenschutzverstößen hoch angesetzt wurden. Im Folgenden werden die staatlichen Kontrollmechanismen genauer erläutert und es wird aufgezeigt, wie das Zusammenspiel zwischen Vermietern und Aufsichtsbehörden funktioniert. Hausverwaltungen sollten ein besonderes Augenmerk auf die spezielle Rolle eines Datenschutzbeauftragten richten.

5.1 Staatliche Aufsicht

Um die Einhaltung der DSGVO zu gewährleisten, hat die Europäische Union Kompetenzen an die Mitgliedstaaten übergeben. So übernehmen nationalstaatliche Institutionen, welche weitestgehend bereits vor der Einführung der Datenschutzgrundverordnung existierten, die Aufsicht und führen Ermittlungen bei Datenschutzverstößen durch. Aber auch die Gerichtsbarkeit ist auf Ebene der Mitgliedstaaten angesiedelt. Die von den Unternehmen eingesetzten betrieblichen Datenschutzbeauftragten stellen wiederum das Bindeglied zwischen staatlichen Ermittlungsbehörden und Unternehmen dar.

5.1.1 Staatliche Aufsichtsbehörden in Deutschland

Die Kontrolle über die Einhaltung der DSGVO liegt laut § 40 BDSG -neu- in Deutschland bei den Bundesländern. Die Befugnisse der Mitarbeiter des Landesdatenschutzbeauftragten sind umfassend. Auf Verlangen muss diesen Zutritt zu den Geschäftsräumen gewährt werden und sie besitzen ferner ein Zugriffsrecht auf alle Geräte zur Datenverarbeitung, sofern ein Verstoß gegen die Datenschutzgrundverordnung vermutet wird. Aber auch bei Ermittlungen durch die Landesdatenschutzbeauftragten gilt: Niemand muss sich im Zweifel selbst belasten. Handelt es sich um schwere Verstöße gegen die Datenschutzgrundverordnung, darf die Aussage verweigert werden. Dies wird in § 40 Abs. 4 BDSG -neu- geregelt, entbindet jedoch nicht von der grundsätzlichen Mitwirkungspflicht bei den Ermittlungen.

Im Falle eines Verstoßes gegen die DSGVO haben die Landesdatenschutzbehörden ferner die Betroffenen zu informieren. Betroffen ist in diesem Fall jeder, dessen personenbezogene Daten unerlaubt an Dritte weitergegeben wurden. Die Landesdatenschutzbehörden haben außerdem das Recht, die Abberufung des Datenschutzbeauftragten eines Unternehmens zu verlangen. Hierfür müssen allerdings Gründe wie mangelnde Eignung oder Interessenskonflikte vorliegen. Unternehmen sollten ihre Datenschutzbeauftragten daher mit Sorgfalt auswählen. Sollte ein Datenschutzvergehen bekannt werden, kann ein Datenschutzbeauftragter mit mangelndem Fachwissen oder Interessenskonflikten andernfalls Probleme für das Unternehmen bedeuten. Grundsätzlich nehmen betriebliche Datenschutzbeauftragte eine besondere Rolle ein, da sie gemeinsam mit den Aufsichtsbehörden der Länder für die Einhaltung des Datenschutzes sorgen müssen.

5.1.2 Europäischer Datenschutzausschuss

Damit die Kommunikation zwischen den Datenschutzbehörden der einzelnen EU-Länder reibungslos funktioniert, wurde im Mai 2018 der Europäische Datenschutzausschuss (EDSA) ins Leben gerufen. Dieser liefert unter anderem Empfehlungen und Leitlinien zur Auslegung sowie Anwendung der DSGVO und ist damit für Datenschutzbeauftragte eine wichtige Informationsquelle. In grenzüberschreitenden Angelegenheiten ist der Europäische Datenschutzausschuss außerdem als Vermittler tätig. Besonders in Zukunft wird der EDSA eine wichtige Rolle einnehmen, da er maßgeblich an der kommenden Entwicklung des Datenschutzrechts beteiligt ist.

5.1.3 Beschwerderecht

Da die Persönlichkeitsrechte der Bürger der Europäischen Union durch die Datenschutzgrundverordnung besonders geschützt werden sollen, beinhaltet die DSGVO in Art. 77 ein Beschwerderecht. Hiernach haben alle Bürger das Recht, sich bei der zuständigen staatlichen Stelle über Unternehmen zu beschweren, wenn sie der Meinung sind, dass die den Unternehmen anvertrauten personenbezogenen Daten nicht ordnungsgemäß geschützt werden. Die Datenschutzbeauftragten der Länder haben in solchen Fällen Ermittlungen aufzunehmen und den Sachverhalt zu prüfen.

Grundsätzlich müssen die Beschwerden von Betroffenen selbst erfolgen, allerdings können auch Personen, welche nicht direkt geschädigt sind, Beschwerden einreichen. Dies kann dann zum Anlass für weitere Ermittlungen durch die Landesdatenschutzbeauftragten genommen werden. Das Beschwerderecht gilt außerdem auch für juristische Personen. Die Beschwerdeführer sind des Weiteren durch die ermittelnde Behörde über die Ergebnisse des Ermittlungsverfahrens zu informieren.

Die Möglichkeit zur Beschwerde bei den staatlichen Datenschutzbeauftragten macht es für Bürger einfach, gegen Datenschutzverstöße vorzugehen. Gleichzeitig werden Gerichte entlastet, da die Betroffenen nicht bei jedem Verdacht den Rechtsweg beschreiten müssen. Für Vermieter und Hausverwalter ist es daher umso wichtiger, Transparenz zu schaffen und offen mit dem Thema Datenschutz umzugehen. Sollten also Beschwerden durch Wohnungsmieter beim betrieblichen Datenschutzbeauftragten einer Hausverwaltung eingehen, müssen diese ernstgenommen und geprüft werden. Es liegt auf der Hand, dass es besser ist, Datenschutzverstöße selbst zu überprüfen, bevor staatliche Ermittlungsbehörden involviert sind.

5.2 Datenschutzbeauftragte

Ein betrieblicher Datenschutzbeauftragter nimmt eine wichtige Funktion bei der Einhaltung des Datenschutzes ein. Er ist Ansprechpartner für Betroffene, für Mitarbeiter und die Landesdatenschutzbehörden. Ein Datenschutzbeauftragter muss über große fachliche Kompetenz und die persönliche Eignung verfügen. Die Anforderungen an einen Datenschutzbeauftragten sind daher hoch angesetzt. In der Vergangenheit gab es allerdings Kritik an den Vorgaben zu den betrieblichen Datenschutzbeauftragten. Besonders kleinere Unternehmen hatten Schwierigkeiten, Datenschutzbeauftragte zu benennen, und sahen sich gegenüber großen Betrieben benachteiligt. Da die DSGVO sämtliche Bereiche betrifft, mussten zum Beispiel auch Arztpraxen oder Finanzberatungen mit wenigen Mitarbeitern einen Datenschutzbeauftragten vorweisen können. Die Datenschutzgrundverordnung gibt den EU-Staaten an dieser Stelle jedoch etwas Spielraum, um eigene Regelungen zu treffen.

5.2.1 Wer benötigt einen Datenschutzbeauftragten?

Mit Einführung der DSGVO wurde die Benennung eines Datenschutzbeauftragten bereits ab zehn Mitarbeitern, welche mit personenbezogenen Daten arbeiten, notwendig. Aufgrund der Kritik von kleinen Unternehmen und Arbeitgeberverbänden wurde die Mitarbeitergrenze zur Bestellpflicht eines Datenschutzbeauftragten 2020 jedoch angehoben. Diese liegt nun bei 20 Mitarbeitern, welche regelmäßig mit der Verarbeitung von personenbezogenen Daten betraut sind.

Einige Datenschützer und Juristen haben kurz nach Anpassung der Regelung darauf verwiesen, dass Betriebe mit wenigen Mitarbeitern den Datenschutz nicht mehr ganz so ernst nehmen könnten, wenn sie keinen Datenschutzbeauftragten benötigen. Aber auch diese Unternehmen müssen sich bewusst sein, dass sie sich weiter an die Datenschutzgrundverordnung halten müssen, denn die Sanktionen treffen sie bei Datenschutzverstößen ebenso wie große Betriebe.

Der Verzicht auf einen Datenschutzbeauftragten in kleinen Betrieben hat jedoch noch einen weiteren Nachteil.

Datenschutzbeauftragte sind besonders geschult und bringen technisches sowie juristisches Wissen mit. Sie sind eine wichtige Ansprechperson für die Mitarbeiter eines Unternehmens, wenn Unsicherheiten hinsichtlich des Umgangs mit personenbezogenen Daten auftauchen. Außerdem hat ein Datenschutzbeauftragter eine gewisse Außenwirkung und suggeriert Kunden sowie Geschäftspartnern, dass der Datenschutz ernstgenommen wird. Für Unternehmen kann das Fehlen einer solchen Ansprechperson Probleme nach sich ziehen. Der Verzicht auf einen Datenschutzbeauftragten bedeutet immer den Verzicht auf Know-how. Kleine Unternehmen sollten daher prüfen, wie sie diesen Kompetenzverlust kompensieren können. Eventuell bietet es sich an, einen Mitarbeiter zumindest teilweise mit dem Datenschutz zu beauftragen oder sich externe Hilfe zu holen.

5.2.3 Anforderungen an einen Datenschutzbeauftragten

Wie bereits eingangs erwähnt, haben staatliche Aufsichtsbehörden das Recht, den betrieblichen Datenschutzbeauftragten abzuberufen und eine Neubesetzung zu verlangen. Dies ist in erster Linie dann der Fall, wenn der Datenschutzbeauftragte in Interessenskonflikte gerät. Interessenskonflikte können etwa durch weitere Aufgaben des Datenschutzbeauftragten sowohl im als auch außerhalb des Unternehmens entstehen. So sind IT-Administratoren, welche für die Sicherheit der personenbezogenen Daten verantwortlich sind, ebenso ungeeignet für die Rolle des Datenschutzbeauftragten wie die Inhaber eines Unternehmens.

Des Weiteren müssen Datenschutzbeauftragte ein umfangreiches Wissen über technische und betriebswirtschaftliche Abläufe mitbringen und juristisch bewandert sein. In der Regel trifft dies auf Mitarbeiter der Rechtsabteilung oder der internen Revision zu. Besonders für kleinere Unternehmen in der Immobilienbranche kann es ratsam sein, auf einen externen Datenschutzbeauftragten zurückzugreifen. Dieser erfüllt die Voraussetzungen für einen Datenschutzbeauftragten, ist jedoch mit Kosten verbunden.

5.2.4 Aufgaben eines Datenschutzbeauftragten

Wie bereits die umfassenden Anforderungen an einen Datenschutzbeauftragten vermuten lassen, sind die Aufgaben sehr vielseitig. Seine eigentliche Funktion im Unternehmen ist zunächst die Beratung der Mitarbeiter in datenschutzrechtlichen Fragen. Da dies sowohl technische als auch juristische Expertise erfordert, sind regelmäßige Schulungen des Datenschutzbeauftragten in diesen Bereichen obligatorisch. Des Weiteren muss der Datenschutzbeauftragte die Einhaltung des Datenschutzes innerhalb des Unternehmens überwachen und die staatlichen Aufsichtsbehörden informieren, falls er Datenschutzverstöße wahrnimmt.

Somit nehmen Datenschutzbeauftragte eine besondere Stellung in einer Organisation ein. Sie sind einerseits als Angestellte dem Unternehmen verpflichtet, gleichzeitig aber auch den staatlichen Behörden. Um dieser „Doppelrolle“ gerecht werden zu können, erfordert es Erfahrung, weshalb die persönliche Eignung abseits von einem umfassenden Fachwissen wichtig ist. Ferner ist der Datenschutzbeauftragte für interne Datenschutzrichtlinien, die Durchführung oder Organisation der Mitarbeiterschulungen sowie für die Beantwortung der Anfragen von Betroffenen zuständig.

5.3 Warnungen und Verwarnungen bei Verstoß gegen die DSGVO

Verstöße gegen die Datenschutzgrundverordnung können für Datenverarbeiter empfindliche Strafen nach sich ziehen. Aber nicht immer werden sofort Bußgelder verhängt. Art. 58 DSGVO sieht vor, dass zunächst Warnungen oder Verwarnungen ausgesprochen werden können, sofern der Datenschutzverstoß marginal beziehungsweise eine Datenpanne noch nicht eingetreten ist. Sie sollen aufzeigen, dass das Verhalten nicht datenschutzkonform ist und dazu anregen, die Datenschutzmaßnahmen zu optimieren.

Warnungen und Verwarnungen stellen gewissermaßen „Gelbe Karten“ dar. Die Warnung ist die erste Stufe und dient der Prävention – eine Datenpanne konnte zu diesem Zeitpunkt noch nicht festgestellt werden. Mögliche Gründe für eine Warnung können zum Beispiel eine schlechte Verschlüsselung oder nicht-geschulte Mitarbeiter in größeren Unternehmen darstellen. Wurde hingegen ein Verstoß gegen die Datenschutzgrundverordnung festgestellt, so kann eine Verwarnung ausgesprochen werden. Diese tritt an die Stelle eines Bußgeldes und kann in Betracht kommen, wenn der Datenschutzverstoß keine wirklichen Schäden verursacht hat. Eine Verwarnung ist damit bereits eine ernstzunehmende Sanktion, die allerdings keine finanziellen Auswirkungen hat. Ob eine Verwarnung ausgesprochen oder direkt ein Bußgeld fällig wird, liegt im Ermessen der zuständigen Aufsichtsbehörde.

Neu ist diese Form der Zurechtweisung nicht. Schon die alte Fassung des Bundesdatenschutzgesetzes beinhaltete in § 25 die Option der „Beanstandung durch die Bundesbeauftragte oder den Bundesbeauftragten für den Datenschutz und die Informationsfreiheit“, welche zumindest in monetärer Hinsicht folgenlos blieben. Da Warnungen und Verwarnungen die letzte Möglichkeit darstellen, Bußgelder zu vermeiden und nicht-datenschutzkonformes Verhalten zu korrigieren, sollten sie unbedingt ernstgenommen werden.

5.4 Bußgelder

Bei Verstößen gegen die DSGVO müssen Unternehmen, aber auch private Vermieter mit empfindlichen Bußgeldern rechnen. Diese sind in Art. 83 DSGVO festgehalten, wobei die Urteile und damit das Strafmaß von den Gerichten der Mitgliedstaaten und nicht vom Europäischen Gerichtshof festgelegt werden. Ein Verstoß gegen die Pflichten als Auftragsverarbeiter oder Verantwortlicher in den Art. 8, 11, 25 bis 39, 42 und 43 führt zu einem Bußgeld von bis zu 10.000.000 Euro oder bis zu 2 % des gesamten Jahresumsatzes des abgelaufenen Geschäftsjahres. Relevant für die Berechnung des Bußgeldes ist der höhere Wert. Diese Verstöße umfassen unter anderem folgende Punkte:

- unzureichende technisch-organisatorische Maßnahmen
- fehlende Dokumentation der Verarbeitungstätigkeit
- mangelnde Zusammenarbeit mit den Behörden
- unzulässige Verarbeitung von personenbezogenen Daten von Kindern
- zu späte Meldung einer Datenpanne
- fehlende Benennung eines Datenschutzbeauftragten

- Bußgelder in Höhe von bis zu 20.000.000 Euro oder bis zu 4 % des Jahresumsatzes können verhängt werden, sofern gegen die Art. 5, 6, 7, 9 oder 12 bis 22 sowie 44 bis 49 verstoßen wird. Hierzu zählen unter anderem:
- fehlende oder unvollständige Aufklärung der betroffenen Personen über ihre Rechte
- fehlende oder unvollständige Information über die Erhebung personenbezogener Daten
- Verletzung des Rechts auf Vergessenwerden
- Nichteinhaltung der Löschfristen
- Verletzung des Widerspruchsrechts der betroffenen Person
- Missachtung des Auskunftsrechts

Diese Bußgelder verdeutlichen noch einmal, warum es für Vermieter, aber auch für Hausverwalter, Makler und jedes andere Unternehmen so wichtig ist, die Datenschutzgrundverordnung ernst zu nehmen. Die Sanktionen fallen hoch aus und sollen vor allem abschrecken. Mittlerweile hat es die ersten Verurteilungen gegeben, welche allerdings nicht ganz so drakonisch ausfielen. So wurde etwa ein namhafter Anbieter aus der Telekommunikationsbranche vom Landgericht Bonn zu einem Bußgeld in Höhe von 900.000 € verurteilt, weil die technischen und organisatorischen Maßnahmen nicht ausreichend waren (Aktenzeichen: 29 OWi 1/20 LG). Private Vermieter müssen selbstverständlich nicht mit derartig hohen Bußgeldern rechnen, falls sie sich nicht ausreichend an die Datenschutzgrundverordnung halten, aber auch sie müssen im Streitfall mit Konsequenzen rechnen.

5.5 Schadensersatz

Neben Bußgeldern muss bei Verstößen gegen die DSGVO aber auch mit Schadensersatzforderungen gerechnet werden. Schadensersatz steht nach Art. 82 DSGVO jeder Person zu, die durch einen Verstoß materiellen oder immateriellen Schaden erlitten hat. Haftbar zu machen ist jeder, der an der Datenverarbeitung beteiligt war. Allerdings sind die betroffenen Personen zum Nachweis über den Verstoß sowie den erlittenen Schaden verpflichtet.

Seit Einführung der Datenschutzgrundverordnung mehren sich die Klagen von Privatpersonen gegen Unternehmen wegen Verstößen gegen die DSGVO. Die Urteile werden in der Öffentlichkeit teilweise kontrovers diskutiert. So hat etwa das Arbeitsgericht Düsseldorf in einem Verfahren einer geschädigten Person einen Schadensersatz in Höhe von 5.000 Euro zugestanden, weil der Anfrage nach Auskunft über die gespeicherten Daten nicht schnell genug nachgekommen wurde und diese darüber hinaus mangelhaft war (Aktenzeichen: 9 Ca 6557/18). Zu berücksichtigen ist hier allerdings die Finanzkraft des Beklagten. Der Streitwert der Entscheidung wurde ferner auf 152.982,81 € beziffert. Hier ist laut Ansicht des Gerichts zwar kein materieller Schaden entstanden, allerdings wurden die Rechte des Betroffenen beschnitten.

Das Urteil unterstreicht, wie wichtig es ist, einem Auskunftsersuchen unverzüglich nachzukommen. Vermieter sollten, sofern ein (ehemaliger) Mieter oder Mietinteressent um Auskunft über die verarbeiteten personenbezogenen Daten bittet, im Zweifelsfall einen Datenschutzexperten hinzuziehen. Unter keinen Umständen sollte eine solche Anfrage jedoch ignoriert werden.

6. Wie sich Vermieter bei einer Datenpanne verhalten sollten

Wie in den Abschnitten über Bußgelder und Schadensersatz deutlich gemacht wurde, ist mit einem Verstoß gegen die Datenschutzgrundverordnung nicht zu spaßen. Datenverarbeiter sollten in einem solchen Fall schnell reagieren und proaktiv handeln. Auf diese Weise kann der Schaden begrenzt und dem zuständigen Datenschutzbeauftragten des Bundeslandes gezeigt werden, dass der Vorfall ernstgenommen wird. Im Ernstfall kann ein solches Verhalten helfen, Bußgelder gering zu halten. Ein Verstoß gegen die Datenschutzgrundverordnung wird auch als „Datenpanne“ bezeichnet. Im Folgenden wird erläutert, worum es sich bei einer Datenpanne handelt, wie Vermieter sich verhalten sollten und wie sie sich vor Datenpannen schützen können.

6.1 Was ist eine Datenpanne?

Ein Verstoß gegen die Datenschutzgrundverordnung kann vielfältige Ursachen haben. In Art. 4 DSGVO wird ein solcher Verstoß als „Verletzung des Schutzes personenbezogener Daten“ bezeichnet. In einer abstrakten Formulierung heißt es in der Datenschutzgrundverordnung weiter, dass diese Verletzung „unbeabsichtigt oder unrechtmäßig, zur Vernichtung, zum Verlust, zur Veränderung, oder zur unbefugten Offenlegung von beziehungsweise zum unbefugten Zugang zu personenbezogenen Daten“ führen muss. Konkret kommen damit folgende Fälle in Betracht, die eine Datenpanne beziehungsweise einen Verstoß gegen die Datenschutzgrundverordnung darstellen:

- Diebstahl von Daten (physisch oder durch Hacker)
- Befall von Viren und Trojanern
- Löschung von personenbezogenen Daten durch Dritte
- Verlust von Datenträgern mit personenbezogenen Daten
- Weitergabe von Daten durch Mitarbeiter an unbefugte Dritte
- Versehentliche oder absichtliche Veröffentlichung von personenbezogenen Daten (z. B. auf einer Website oder in der Zeitung)
- Verlust des Sicherheitsschlüssels von verschlüsselten personenbezogenen Daten, sodass diese nicht mehr entschlüsselt werden können
- Irreparable Beschädigung der personenbezogenen Daten und des Backups

Diese Liste ist nicht abschließend, umfasst aber den Großteil der denkbaren Szenarien, die als Datenpanne bezeichnet werden können und für private Vermieter relevant sein können. Mit Ausnahme der letzten beiden Punkte handelt es sich immer um Verstöße, bei denen sich nicht zugriffsberechtigte Personen (möglicherweise) Zugang zu personenbezogenen Daten verschafft haben.

6.2 Richtiges Verhalten bei einer Datenpanne

Sollten Vermieter oder Betriebe von einer Datenpanne betroffen sein, so ist zügiges Handeln erforderlich. In Unternehmen mit einem betrieblichen Datenschutzbeauftragten ist dieser unverzüglich über den Verstoß zu informieren. Von besonderer Relevanz ist für ihn die Art des Datenschutzverstoßes sowie die Zahl der betroffenen Datensätze beziehungsweise der betroffenen Personen. Des Weiteren ist wichtig, ob und wenn ja welche Sicherheitsmaßnahmen nach Bekanntwerden des Verstoßes getroffen wurden, um mögliche Schäden für die Betroffenen zu minimieren.

Die Aufgabe eines Datenschutzbeauftragten ist nun, das Risiko für die Personen zu bestimmen, die von der Datenpanne betroffen sind. Häufig geschieht dies anhand einer Risikomatrix, welche vom Datenschutzbeauftragten vorher ausgearbeitet wurde. Aus dem Risiko ergibt sich, ob die zuständigen Behörden und gegebenenfalls die Betroffenen selbst informiert werden müssen.

Ob eine Verletzung des Datenschutzes an die Aufsichtsbehörde gemeldet werden muss, ist in Art. 33 DSGVO geregelt. Dies ist nicht nur für Unternehmen mit einem Datenschutzbeauftragten relevant, sondern auch für private Vermieter oder kleinere Hausverwaltungen ohne einen entsprechenden Verantwortlichen. In dem Artikel heißt es, dass die zuständige Aufsichtsbehörde „möglichst binnen 72 Stunden, nachdem die Verletzung bekannt wurde", informiert werden muss, es sei denn, „die Verletzung des Schutzes personenbezogener Daten [führt] voraussichtlich nicht zu einem Risiko für die Rechte und Freiheiten natürlicher Personen". Sollten Vermieter von einer Datenpanne betroffen sein und unsicher sein, wie diese letztendlich zu bewerten ist, sollten sie sich an einen Datenschutzexperten wenden.

Die Betroffenen einer Datenpanne müssen laut Art. 34 Abs. 1 DSGVO nur benachrichtigt werden, sofern „die Verletzung des Schutzes personenbezogener Daten voraussichtlich ein hohes Risiko für die persönlichen Rechte und Freiheiten natürlicher Personen zur Folge" hat. In Art. 34

Abs. 2 wird wiederum erläutert, dass die Informationen in „klarer und einfacher Sprache“ zu erfolgen haben. Es gibt lediglich drei Ausnahmen, bei denen von einer (persönlichen) Benachrichtigung der Betroffenen abgesehen werden kann. Diese werden in Art. 34 DSGVO Abs. 3 aufgeführt:

1. Es wurden geeignete Maßnahmen getroffen, welche die gestohlenen Daten für nicht autorisierte Personen (vermutlich) unbrauchbar machen (z.B. durch Verschlüsselungen)
2. Nach dem Diebstahl wurden Maßnahmen getroffen, sodass die „Rechte und Freiheiten der betroffenen Personen“ nicht mehr gefährdet sind
3. Die Benachrichtigung aller Betroffenen wäre nur mit einem unverhältnismäßig hohen Aufwand zu bewerkstelligen, dann genügt auch die öffentliche Bekanntmachung zum Beispiel in der Presse und auf der Unternehmenswebsite

Ein Fallbeispiel:

Wie bereits erläutert, stellt die irreparable Beschädigung von personenbezogenen Daten – etwa durch einen technischen Unfall – eine Datenpanne dar. In den meisten Fällen geht hiervon keine Bedrohung für die betroffenen Personen aus und ist eher unproblematisch. Wurden hingegen verschlüsselte personenbezogene Daten von Dritten entwendet, kann dies die Meldung an die Behörden notwendig machen. Wurden unverschlüsselte Daten von nicht autorisierten Dritten gestohlen, sind die Aufsichtsbehörden und die Betroffenen unverzüglich zu informieren. Ferner sind geeignete Maßnahmen zu ergreifen, um den Schaden für die Betroffenen zu minimieren.

6.3 Wie private Vermieter Datenpannen vorbeugen können

Während gerade in größeren Hausverwaltungen spezialisierte Datenschutzbeauftragte mit der Datensicherheit betraut sind, fühlen sich private Vermieter aufgrund der zahlreichen Vorschriften allein gelassen. Die Datenschutzgrundverordnung ist komplex und besonders die Informationspflichten sowie der Umgang mit personenbezogenen Daten überfordern zunächst. Häufig ist es jedoch der unbedarfte Umgang mit personenbezogenen Daten, der für Vermieter problematisch wird. In Kapitel 4 wurde bereits der Umgang mit personenbezogenen Daten während des Vermietungsprozesses thematisiert. Hierzu gehören unter anderem die Verwendung von sicheren Passwörtern sowie die Verwahrung von Papierunterlagen in einem abschließbaren Aktenschrank. Darüber hinaus gibt es aber noch weitere allgemeine Verhaltenstipps, die private Vermieter dringend beherzigen sollten, um Datenpannen vorzubeugen.

Entsorgung von sensiblen Datenträgern

Hat der PC ausgedient, werden wichtige Daten häufig auf den neuen Rechner verschoben und der alte Computer landet entweder bei einem Entsorgungsunternehmen oder wird verkauft. Die Daten auf der Festplatte lassen sich jedoch auch noch rekonstruieren, wenn diese gelöscht wurden. Daher sollten personenbezogene Daten mit spezieller

Software mehrfach überschrieben und der Datenträger am besten physisch unbrauchbar gemacht und entsorgt werden.

Personenbezogene Daten auf dem Notebook

Ein Klassiker, der hin und wieder in Medienberichten für Erheiterung sorgt, ist das im Zug vergessene Notebook mit wichtigen Daten. Schon hohe Politiker oder Wirtschaftsfunktionäre sind hierüber gestolpert. Allerdings ist mit einer solchen Situation nicht zu spaßen. Das Windows-Passwort schützt nicht ausreichend vor dem Zugriff Fremder, weshalb es sich hier um eine Datenpanne handelt, welche nicht nur an die Aufsichtsbehörde gemeldet werden muss, sondern auch an die Betroffenen, sofern sich personenbezogene Daten auf dem Notebook befanden. Selbst wenn das Notebook von einem ehrlichen Finder zurückgegeben wird, lässt sich nicht ausschließen, dass vorher auf Daten der Wohnungsmieter zugegriffen wurde. Vermieter sollten daher wichtige Dokumente und personenbezogene Informationen ausschließlich auf dem Rechner daheim speichern.

Daten auf dem USB-Stick

Das gleiche gilt für den USB-Stick, welcher nicht nur schnell verloren gehen kann, sondern auch gerne für verschiedene Dinge verwendet oder verliehen wird. Personenbezogene Daten haben auf einem USB-Stick aus diesem Grund nichts verloren. Sollte die temporäre Speicherung personenbezogener Daten auf einem USB-Stick dennoch notwendig sein, sind die Dateien anschließend mit Spezialsoftware mehrfach zu überschreiben. Diese Form der Löschung ist deutlich sicherer als das einfache Verschieben in den Papierkorb. Obacht außerdem bei USB-Sticks von Mietinteressenten mit Gehaltsnachweisen oder sonstigen Auskünften: Diese könnten Viren enthalten!

Verzicht auf Cloudspeicher

Cloudspeicher sind praktisch, da die Daten von jedem Ort abgerufen werden können und diese aufgrund der Serverarchitektur der meisten Cloudanbieter vor Datenverlust geschützt sind. Trotzdem ist die Speicherung von personenbezogenen Daten problematisch – besonders wenn die Server nicht in der Europäischen Union stehen. So haben die Datenschutzbeauftragten der Länder unlängst festgehalten, dass etwa der Clouddienst Microsoft Office 365 nicht DSGVO-konform genutzt werden kann. Des Weiteren können personenbezogene Daten von Hackern erbeutet werden, wenn ein unsicheres Passwort gewählt wird. Daher sollten Daten mit Personenbezug besser nur lokal abgespeichert werden.

Keine E-Mails auf dem E-Mail-Server lassen

Ebenso verhält es sich mit E-Mails. Der Einsatz von E-Mail-Providern ist – ein sicheres Passwort vorausgesetzt – datenschutzrechtlich unproblematisch. Die längere Speicherung auf dem E-Mail-Server des Anbieters ist allerdings unnötig. Die Archivierung von wichtigen E-Mails mit personenbezogenen Daten sollte daher auf dem privaten PC – am besten in einem gesicherten Ordner – erfolgen.

Für den durchschnittlichen PC-Nutzer wirken diese Maßnahmen möglicherweise übertrieben. Allerdings sollte sich jeder vor Augen führen, dass die DSGVO von privaten

Vermietern verlangt, dass sie personenbezogene Daten ausreichend schützen und das Risiko des unbefugten Zugriffs minimieren. All diese Maßnahmen dienen dazu, den gesetzlichen Vorschriften gerecht zu werden, Datenpannen vorzubeugen und kostspielige Sanktionen zu verhindern. Des Weiteren sind alle hier aufgeführten technischen Maßnahmen auch von Laien und mit kostenloser Software leicht umzusetzen.

7. Ausblick auf die Zukunft: Was kommt nach der DSGVO?

Die technischen Möglichkeiten verändern sich schnell und so manch einer hat Probleme, mit diesem Tempo Schritt zu halten. Der Fortschritt stellt aber auch an den Datenschutz enorme Herausforderungen. Es ist nicht abzusehen, welche Möglichkeiten geboten werden und welche Risiken diese besitzen. So war es vor zehn bis zwanzig Jahren kaum denkbar, dass das Smart Home mit einer Sprachsteuerung, die Tag und Nacht auf eine Spracheingabe wartet, so schnell einen zentralen Stellenwert im Leben der Menschen einnehmen wird oder hochkomplexe Clouddienste die Arbeit vereinfachen und von jedem Ort aus erreichbar sind. Aber solche technischen Fortschritte erfordern auch schnelle Anpassungen beim Datenschutz.

Leider muss an dieser Stelle festgehalten werden, dass die europäische Gesetzgebung mit diesem Tempo nicht Schritt halten konnte. Die DSGVO war, auch wenn sie vielen Unternehmen immer noch ein Dorn im Auge ist, längst überfällig. Über einzelne Gesichtspunkte lässt sich sicherlich streiten, aber viele datenschutzrechtliche Aspekte waren vor der Datenschutzgrundverordnung unklar und verursachten Unsicherheiten bei Verbrauchern sowie Unternehmen. Einige datenschutzrechtliche Bereiche sind jedoch auch mit Einführung der Datenschutzgrundverordnung noch unberücksichtigt und müssen von europäischer Gesetzgebung dringend beachtet werden. Und so werden uns auch in Zukunft neue Regeln zum Datenschutz nicht erspart bleiben, an die sich auch Vermieter halten müssen. Im Folgenden wird daher ein kleiner Überblick geboten, welche Änderungen mit der ePrivacy-Verordnung und dem Data Act bevorstehen. Diese Regeln werden neben der Datenschutzgrundverordnung existieren und diese ergänzen.

7.1 Die ePrivacy-Verordnung

Mit Inkrafttreten der DSGVO im Jahr 2018 sollte ursprünglich auch die ePrivacy-Verordnung Rechtsverbindlichkeit erlangen. Die Staaten der Europäischen Union konnten sich jedoch nicht auf die genauen Inhalte einigen, weshalb die Datenschutzgrundverordnung ohne die ePrivacy-Verordnung verabschiedet wurde. Des Weiteren wurden Stimmen aus der Wirtschaft laut, die Teile der Verordnung ablehnten.

Die ePrivacy-Verordnung soll die DSGVO in wichtigen Punkten ergänzen, die bisher nur unzureichend geregelt sind. Das bedeutet, dass beide Verordnungen ihre Gültigkeit besitzen und nebeneinander existieren werden. Geregelt werden soll durch die ePrivacy-Verordnung in erster Linie die elektronische Kommunikation. Auch hier wird Transparenz von unternehmensinternen Prozessen im Vordergrund stehen, um den Bürgern der Europäischen Union Vertrauen in digitale Kommunikationswege zurückzugeben.

Während die Datenschutzgrundverordnung nicht ausschließlich auf digitale Datenverarbeitung abzielt, sondern ebenfalls die Verarbeitung von personenbezogenen Daten auf Papier betrifft, wird die ePrivacy-Verordnung nur die digitale Sphäre tangieren. Die ePrivacy-Verordnung wird des Weiteren die ePrivacy-Richtlinie ersetzen. Diese existiert seit 2002, umfasst jedoch lediglich Direktiven, welche auf nationaler Ebene umgesetzt werden sollen. Dadurch sind die Gesetze nicht einheitlich und unterscheiden sich teilweise gravierend. Der die elektronischen Kommunikationswege betreffende Datenschutz soll mithilfe der ePrivacy-Verordnung innerhalb der Europäischen Union gleich geregelt werden. Sie gilt damit für alle Unternehmen und grenzübergreifend innerhalb der EU.

Neben der Regelung der digitalen Kommunikationswege wird die ePrivacy-Verordnung die Datenschutzgrundverordnung vermutlich in einigen Punkten verschärfen. So könnte möglicherweise das in der Datenschutzgrundverordnung verbriefte Recht auf Vergessenwerden strenger formuliert werden. Betroffene sollen die Möglichkeit erhalten, die erteilte Einwilligung zur Verarbeitung personenbezogener Daten alle sechs Monate zu widerrufen. Hierdurch könnten für einige Unternehmen erhebliche technische Anpassungen notwendig sein. Die personenbezogenen Daten müssen dann jederzeit gelöscht werden können – dies gilt auch für Back-ups. Des Weiteren wird eine Ende-zu-Ende-Verschlüsselung in der digitalen Kommunikation mit der ePrivacy-Verordnung vermutlich verpflichtend. Hierdurch möchte man einerseits die persönlichen Daten vor Hackern schützen, andererseits aber auch staatliche Zugriffe auf die Kommunikationswege limitieren.

Welche genauen Auswirkungen die ePrivacy-Verordnung auf Vermieter nun besitzen wird, ist noch ungewiss. Wer Immobilien auf dem Wohnungsmarkt anbietet, sollte die Diskussion daher besonders aufmerksam verfolgen. Es ist zumindest davon auszugehen, dass die digitale Kommunikation sowie die Übermittlung von Dokumenten mit Personenbezug durch die ePrivacy-Verordnung tangiert werden.

7.2 Data Act und Europäische Datenstrategie

Die Europäische Datenstrategie hat das Ziel, einen innereuropäischen Binnenmarkt für Daten zu etablieren. Im Fokus stehen hierbei vereinfachte Regelungen zum Austausch von personenbezogenen Daten sowie mehr Bürgerrechte. Die Datenschutzgrundverordnung hat hierfür den Grundstein gelegt – Regelungen zur Datenverarbeitung wurden verschärft und vereinheitlicht, auch wurde der Austausch von Daten im europäischen Binnenraum vereinfacht. Neben Unternehmen und Bürgern sollen vor allem die Wissenschaft und die öffentliche Verwaltung von der Europäischen Datenstrategie profitieren.

Der Data (Governance) Act zielt besonders auf die beiden Letztgenannten ab. So soll die öffentliche Verwaltung durch ein verbessertes europäisches Datenaustauschmodell Informationen grenzüberschreitend einfacher teilen können. Dies gilt ebenso für die Wissenschaft, welche gleichzeitig von neuen grenzübergreifenden Strukturen zur Entwicklung künstlicher Intelligenz profitieren soll. Zur Unterstützung dieser Ziele sind des Weiteren neue Vorschriften im Bereich der Cloudspeicher im Gespräch. Wie bereits erwähnt, verstoßen einige Clouddienste – besonders mit Serverstandorten außerhalb der Europäischen Union – gegen die Datenschutzgrundverordnung. Mit einer Neuregulierung der Cloud-Computing-Dienste könnten im europäischen Binnenraum neue Strukturen entstehen, die nicht nur datenschutzkonform sind, sondern gleichzeitig auch verloren gegangenes Vertrauen der Bürger wiedererlangen könnten. Auch Sicht der europäischen Unternehmen wäre ein solcher Schritt begrüßenswert.

Der Gesetzentwurf zum Data Act ist derzeit in Arbeit und wird noch lange auf sich warten lassen. Gemeinsam mit der ePrivacy-Verordnung wird er die DSGVO flankieren, und ergänzen, wo diese noch Lücken aufweist. Der Slogan der europäischen Datenstrategie lautet „Ein Europa für das digitale Zeitalter“ und lässt erahnen, wo es hingehen soll: Grenzüberschreitender Datenverkehr der einheitlich geregelt wird. Um das Vertrauen der Bürger nicht zu verspielen, war hierfür eine Vereinheitlichung der Datenschutzstandards notwendig und eine Stärkung der Bürgerrechte erforderlich. Die Datenschutzgrundverordnung bildet also gewissermaßen den Grundstein für die kommenden Veränderungen.

8. Fazit und Schlusswort

Die Datenschutzgrundverordnung hat ihre Spuren in der gesamten ökonomischen Sphäre hinterlassen. Vermieter, Immobiliengesellschaften und Makler mussten sich auf die geänderten gesetzlichen Rahmenbedingungen einstellen und neue datenschutzkonforme technische sowie organisatorische Strukturen etablieren. Besonders private Vermieter ohne juristische Expertise sind aber auch heute noch überfordert und tun sich häufig schwer damit, die DSGVO umzusetzen. Die Regelungen, die für alle Beteiligten einen nicht zu vernachlässigenden bürokratischen Aufwand bedeuten, sollen vor allem die Bürgerrechte stärken. Gleichzeitig wurde die Kommunikation zwischen Unternehmen mit Sitz in den EU-Staaten neu geregelt und der Austausch personenbezogener Daten grenzübergreifend vereinfacht.

Bürgern wurden im Rahmen der DSGVO umfassende Rechte eingeräumt. Hierzu zählen unter anderem das Recht auf Vergessenwerden sowie das Auskunftsrecht. Gleichzeitig müssen Unternehmen Regeln wie das Prinzip der Datensparsamkeit befolgen und ihren Kunden offenlegen, welche Daten sie erfassen und was mit ihnen geschieht. Eine Weitergabe personenbezogener Daten ist nicht mehr ohne weiteres möglich. Die DSGVO kann als lästig empfunden werden, schafft aber auch gleichzeitig Vertrauen und Transparenz. Für Vermieter ist es wichtig, dass sie sich an die Vorgaben halten, da sie andernfalls mit empfindlichen Strafen rechnen müssen.

Gehen Sie daher behutsam mit den personenbezogenen Daten Ihrer Mieter und Mietinteressenten um. In unserem Buch haben wir Ihnen gezeigt, worauf es bei der DSGVO ankommt und welche Löschfristen und Informationspflichten Sie als Vermieter haben. Mit Handlungsempfehlungen zum Schutz von personenbezogenen Daten sowie einer Übersicht über die Informationen, die Sie von Ihren Mietern und Mietinteressenten erheben dürfen, haben wir Ihnen nützliche Werkzeuge an die Hand gegeben. Erheben Sie nur die personenbezogenen Daten, die Sie zwingend von Ihren Mietinteressenten und Mietern benötigen. Und vernachlässigen Sie nicht die physische und digitale Sicherheit der gespeicherten Daten. Besonders hier sind viele Vermieter zu nachsichtig.

Sollten Sie doch einmal von einer Datenpanne betroffen sein, suchen Sie die Flucht nach vorne. Da die europäische Datenschutzgrundverordnung empfindliche Strafen vorsieht, holen Sie sich im Zweifel juristischen Rat ein und informieren Sie sich bei Datenschutzexperten. Es ist wichtig, dass Sie die Datenschutzgrundverordnung ernst nehmen und auf dem Laufenden bleiben. Anpassungen an der DSGVO werden früher oder später folgen und mit der ePrivacy-Verordnung sowie dem Data Act stehen bereits neue Regelungen rund um die digitale Verarbeitung von Daten in den Startlöchern.

In diesem Buch hat Ihnen Mietercheck.de einen umfassenden Einblick in die Datenschutzgrundverordnung und ihre Auswirkungen auf das Vermietungsgeschäft gegeben. Mietercheck.de steht Ihnen aber auch darüber hinaus mit Rat und Tat zur Seite. Wir stellen Ihnen unter www.mietercheck.de DSGVO-konforme und juristisch geprüfte Dokumente wie Mieterselbstauskünfte, Mietverträge und Übergabeprotokolle zur Verfügung. In unserem

Blog halten wir Sie darüber hinaus über Neuigkeiten aus der Immobilienbranche auf dem Laufenden und informieren Sie über Änderungen beim Datenschutz, die Sie direkt betreffen.